本书编委会

主　编：

范　翔　李　玲　刘　峻

副主编：

杨　伟　罗　霞　王　聪　肖庆丰

编　委：

甘　露　龚文全　黄烈鹏　何煜萌　李巧玲　李　娜

李　琼　李　黎　蔺银萍　李璨阳　毛利洋　秦　懿

冉美容　邵兵兵　汤　然　杨　琴　张红琼　赵　超

杜　锐　朱太杰　赵长红　郑　丹　郑荣焦　郑雯婷

旺　青　冉香山　巫远龙　鄢长江　徐雪容　李　科

郑　敏　袁　玲　庞现霞　陈　鹏　罗俊杰　聂正荣

朱常超　铁　磊

"体育与健康+"

融合育人实践

四川大学出版社
SICHUAN UNIVERSITY PRESS

图书在版编目（CIP）数据

"体育与健康＋"融合育人实践 / 范翔，李玲，刘
峻主编. -- 成都：四川大学出版社，2024.12.
ISBN 978-7-5690-7525-0

Ⅰ．G8；G479

中国国家版本馆 CIP 数据核字第 2025G743V9 号

书　　名："体育与健康＋"融合育人实践
　　　　　"Tiyu yu Jiankang+" Ronghe Yuren Shijian
主　　编：范　翔　李　玲　刘　峻

选题策划：刘柳序　唐　飞
责任编辑：刘柳序
责任校对：王　锋
装帧设计：墨创文化
责任印制：李金兰

出版发行：四川大学出版社有限责任公司
　　　　　地址：成都市一环路南一段 24 号（610065）
　　　　　电话：（028）85408311（发行部）、85400276（总编室）
　　　　　电子邮箱：scupress@vip.163.com
　　　　　网址：https://press.scu.edu.cn
印前制作：四川胜翔数码印务设计有限公司
印刷装订：成都金龙印务有限责任公司

成品尺寸：170 mm×240 mm
印　　张：11.75
字　　数：222 千字

版　　次：2025 年 3 月　第 1 版
印　　次：2025 年 3 月　第 1 次印刷
定　　价：58.00 元

扫码获取数字资源

四川大学出版社
微信公众号

本社图书如有印装质量问题，请联系发行部调换

前　　言

当今社会，经济飞速发展，科技日新月异，教育不仅肩负着传承知识的责任，更是培养全面发展人才的关键所在。在新时代的大背景下，学校体育工作被赋予了新的使命和意义。《"体育与健康+"融合育人实践》这本书应运而生。它不仅仅是一本关于体育与健康的书籍，更是一部探索新时代学校体育工作如何与德育、智育、心理教育、劳动教育、国防教育、安全教育、美育以及信息技术等多领域融合的著作，为教育工作者提供了一套系统化的理论框架和实践指南。

全书共分为五章，从理论探讨到实践应用，从宏观视角到微观操作，全方位地呈现了"体育与健康+"融合育人的理念、路径和方法。每一章都围绕着"体育与健康+"这一主题展开，涵盖了从理论探讨到实践应用的各个层面。第一章深刻剖析新时代学校体育工作的内涵与价值，第二章具体介绍体育与健康如何与其他教育领域的融合，第三章提出"体育与健康+N"跨学科融合主题学习，第四章展示五育融合的研究成果，最后在第五章深入讨论五育融合的评价体系。

本书不仅是一本理论与实践并重的专业著作，更是一份充满激情与梦想的教育宣言。我们相信，通过阅读本书，读者能够获得启发，共同为构建更加科学合理的教育体系而不懈努力。我们希望能够激发更多教育工作者的兴趣和热情，在教育这片充满希望的土地上播种智慧与爱，为孩子们营造一个更加美好、健康、多彩的成长环境。让我们共同探索和实践"体育与健康+"融合育人的新样态，为培养时代新人贡献自己的力量。

编　者
2024 年 12 月

目　　录

第一章　新时代学校体育工作的内涵与价值

第一节　新时代学校体育工作的内涵

党的十九大报告指出，经过长期不懈努力，中国特色社会主义进入了新时代，这是我国发展新的历史方位。围绕"培养什么人、怎样培养人、为谁培养人"这一教育根本问题，学校应全面落实立德树人根本任务，加快推进教育强国建设和体育强国建设，坚持不懈地以习近平新时代中国特色社会主义思想铸魂育人，着力加强社会主义核心价值观教育，引导学生树立坚定的理想信念，培养担当民族复兴大任的时代新人。在新时代教育强国建设和体育强国建设进程中，学校体育改革与发展呈现出新的形势，明确了新的任务。习近平总书记在全国教育大会上的重要讲话中指出，"要树立健康第一的教育理念，帮助学生在体育锻炼中享受乐趣、增强体质、健全人格、锤炼意志"。这为全面加强和改进新时代学校体育工作指明了方向，提供了基本遵循，充分彰显了学校体育在为民族振兴献力量、为体育强国展现担当，以及培育国家未来栋梁方面的深层价值。

学校体育是实现立德树人根本任务、提升学生综合素质的基础性工程，是加快推进教育现代化、建设教育强国和体育强国的重要工作。它对于弘扬社会主义核心价值观，培养学生爱国主义、集体主义、社会主义精神，以及奋发向上、顽强拼搏的意志品质，实现以体育智、以体育心具有独特功能。

新时代学校体育工作以"健康第一"为指导思想，确立了以学生为中心的课程理念和"终身体育"的教育理念，强调体育的健身和育人功能，明确了体育与健康学科"运动能力、健康行为、体育品德"三大核心素养，注重知识与技能、过程与方法、情感态度与价值观有机结合的课程目标和课程结构，体育课程教学内容更加贴合学生身心特点并紧密联系生活实际，注重教学方法的不

断丰富和创新。

第二节　五育融合的育人理念

2018 年 9 月，习近平总书记在全国教育大会上强调，"要努力构建德智体美劳全面培养的教育体系，形成更高水平的人才培养体系。坚持中国特色社会主义教育发展道路，培养德智体美劳全面发展的社会主义建设者和接班人"，并提出"五育并举"的总体要求。2019 年，中共中央、国务院出台了《关于深化教育教学改革全面提高义务教育质量的意见》，提出了"坚持五育并举"，强调"突出德育实效""提升智育水平""强化体育锻炼""增强美育熏陶""加强劳动教育"，以此"全面发展素质教育"。德育为先、智育为重、体育为基、美育为要、劳育为本是"五育"并举的五个组成部分，这五个部分既是平等的又有各自独特的价值，具有学科内的深度性、学科间的融通性、实践中的渗透性。

2019 年 2 月，中共中央和国务院发布的《中国教育现代化 2035》进一步强调了"更加注重学生全面发展，大力发展素质教育，促进德育、智育、体育、美育和劳动教育的有机融合"，明确提出了五育融合的教育发展目标。五育融合是新时代背景下实现"五育"并举、贯彻党的教育方针和落实立德树人根本任务的基本途径。充分发挥"以体带全"的功能，即体育学科向其他学科渗透，以体立德、以体启智、以体尚美、以体促劳。以体育融合育人的方式带动全学科的发展。学科间的融合育人，是建设习近平新时代中国特色社会主义教育领域面临的重大挑战。

五育融合不是德育、智育、体育、美育、劳育的简单结合，而要找到"五育"之间的内在联系，在教学中有机地相互渗透。在相互渗透中找到一个"甜区"把各学科通过一个契合点连接在一起。要遵循以体立德、以体启智、以体尚美、以体乐劳的育人逻辑，积极探索树立"五育融合"的路径，强化"五育"目标，创设体育课程的育人环境，完善学校体育评价机制，提升教师以体育人的实践能力。

基于五育融合视域下跨学科主题学习的理解与实践，本书力求通过"体育与健康＋"的跨学科主题学习方式，从不同的角度解读体育与其他学科的关系，在坚持体育与健康学科立场的基础上打破学科界限，以主题为媒介，通过问题导向的整体设计与实施，促进学生的全面发展。此外，本书还提出了"体育＋1"和"体育＋N"两种融合路径来解决目前跨学科主题学习中"怎么跨"和"怎么融"的问题。"体育＋1"指学科间的交叉联结，"体育＋N"指学科间知识的融合和运用，包括目标、内容、方式、评价等多样态的融合。因此，"体育＋"融合实践在内容选择上体现为"跨学科或多学科"，在组织形式上体现为"主题式或专题式"，在学习方式上体现为"协作式或合作式"，在成果呈现上体现为"展示式或作品式"。

第三节　"体育与健康＋"融合育人实践路径

一、以体融合育人，促进学科核心素养的发展

在体育与健康课程中，设计与学生日常生活紧密相关、真实且富有意义的驱动性问题至关重要，这能够引导学生实质性地参与学科融合课程的实践活动。同时，有效利用并整合技术工具，以及重视学生的展示、表达、分享和交流也是必不可少的。最重要的是，所有这些教学活动都应致力于促进学生学科知识的构建、问题解决能力的提升以及核心素养的发展。

在体育与健康课程的教学过程中，学生必须经历一系列丰富多样的认知过程，这些过程涵盖了学习理解、应用实践以及迁移创新等方面。在这些能力活动任务中，学生进行深度认知加工，通过这一过程构建知识经验，转变和发展他们的认知方式，从而形成关键能力、必备品质和正确价值观。面对一个综合且复杂的现实问题情境和任务，在教师的引导下，学生首先将问题由繁至简、由复杂到单一进行拆解，再经历关键知识和模型的构建过程，形成基本能力和思路方法，最终解决综合复杂的问题，逐步形成稳定的核心素养。

二、以体融合育人，实现学科之间的融合价值

体育与健康课程与其他学科的融合主要立足于核心素养，结合德育、智育、美育、劳育、心理健康教育、国防教育、安全教育、信息技术教育这8个学科的课程理念、性质、目标及内容，通过探讨体育与这些学科的实施路径和融合价值，给出完整的融合案例，从而构建起体育与多学科交叉融合学习的教学内容体系。

通过将体育的教学与其他学科的活动相结合，可以将多学科内容融入体育教学之中，进一步挖掘体育教学的潜力。这种做法将知识、技术、技能、技战术以及情感态度整合在一起，从而提升学生在复杂情境中解决实际问题的综合能力。这种融合不仅使各学科相辅相成、互相促进，还实现了协同发展，同时，体育教学活动也为其他教学活动提供了有力支持。

三、以体融合育人，实现五育融合多形态结合

以体育带动学校工作的融合推进，促进体育与学校各项工作进行多形态结合。梳理各学科教学中的体育要素，强化教师的学科融合意识，更有针对性地从现实体育生活中选择教学情境作为教学载体。多形态结合主要体现在以下三个方面：核心素养融合、学科知识融合、实施路径融合。

通过"体育与健康＋N"的多形态结合方式，将各学科的核心素养融入学习内容，让学生在真实的情境中进行探究与合作，从而获得知识、形成技能、掌握方法、发展思维和提升素养。在融合主题的学习过程中，通过整合各种资源，将学科知识与学生的生活经验、社会实践、文化传承等有机结合起来。此外，"体育与健康＋N"融合主题学习，即将 N 个要素与路径进行整合，以学校为核心，以学科为基础，以学生为中心，通过整合不同的教育教学要素和学科核心素养，围绕主题学习目标，充分利用各种教育资源，综合运用各种教学方法，使学科融合形态更加明显，通过显性化的融合课程打通学科壁垒，实现真正的教育渗透。同时，还需突出体育在文化育人中的价值，发挥活动中的融合优势。

四、以体融合育人，实现综合性学习评价体系

新课程标准要求我们要重视学习评价的激励和反馈功能，注重构建评价内容多维、评价方法多样、评价主体多元的体系。为实现五育融合的教育发展目标，在全面贯彻党的教育方针、坚持社会主义办学方向的指引下，我们需要遵循学生的成长规律和教育规律，加快建立以发展素质教育为导向的评价体系，强化评价结果的运用，引领深化教育教学改革，全面提高义务教育质量，健全立德树人的落实机制，构建起德智体美劳全面培养的教育体系。

学生发展质量评价主要包括学生品德发展、学业发展、身心发展、审美素养、劳动与社会实践等五个方面内容，旨在促进学生德智体美劳的全面发展，

培养适应终身发展和社会发展需要的关键能力、必备品格和正确价值观。因此，评价实施工作要注重优化评价方式方法、整合评价内容、复合评价主体，不断提高评价工作的科学性、针对性、有效性。

要注重结果评价与增值评价相结合。在关注学生发展的同时，还要关注其发展水平和工作水平的进步程度，并科学地进行评判。

要注重综合评价与特色评价相结合。在关注全面育人的整体成效和学生德智体美劳全面发展情况的同时，还要注重学生的差异性和多样性，关注每一名学生，促进学生的个性发展。

要注重学生自我评价与外部评价相结合。在引导学生积极开展常态化自我评价并及时改进的同时，还要构建起主体多元、整合优化、责任明晰、组织高效的外部评价工作体系。

要注重线上评价与线下评价相结合。建立学生常态化评价网络信息平台及数据库，完善学生综合素质评价档案，并通过实地调查、观察、访谈等方式，了解并掌握实际情况，确保评价真实全面、科学有效。

第四节　新时代学校体育工作融合开展的价值

在新时代，"五育并举"倡导教育的整体性和完整性，重在强调德、智、体、美、劳五育的全面发展。而"五育融合"则是政策推动下的理论提升，作为顶层设计的成果，着重于行动和实践的方式，更多地代表着一种具有时代特性的教育新体系和新机制，是新时代中国教育的显著标识。

"五育融合"是在"五育并举"基础上发展而来的。首先，"五育融合"是一种教育理念，是关于融合行动与实践的观念，是新时代教师和学生在教育教学思维和实践活动中形成的对教育应然状态的理性认识，对学校、教师和学生的教育教学实践具有引导和定向的作用。

其次，"五育融合"也是一种教学策略，它旨在有效实现德智体美劳全面发展的特定目标，是师生共同参与教学活动的总体思路。在《义务教育课程方案（2022年版）》和《义务教育体育与健康课程标准（2022年版）》中明确提出了"统筹设计综合课程和跨学科主题学习""开展跨学科主题教学，强化课程协同育人功能""各门课程用不少于10％的课时设计跨学科主题学习""设置有助于体育与德育、智育、美育、劳动教育和国防教育学科交叉融合的学习主题"等要求。在跨学科主题学习中，学生通过合作、探究、自主的学习方

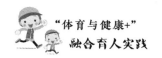
式，感受运动项目的内在价值和获胜规律，并在不同的知识与技能中加以运用和延展，以解决真实生活情境中遇到的问题。通过身体活动与学科知识融合的长期互动，形成良好的健康行为和体育品德的迁移，从而应对未来学习、生活、工作的挑战。

基于此，学校教育中以体融合育人成为新时代民族振兴的又一重要方向和举措，我们应大力弘扬体育精神，从教育强国和体育强国的高度去理解体育对于青少年乃至整个民族的特殊价值。在学校体育中贯彻以体融合育人的重要教育理念，使之成为振兴中华民族的伟大力量。

一、以体融合育人对学生成长的价值

任何一项体育教学活动的开展，最基本的要求是满足学生发展的需要。"五育融合"所体现的育人价值，是指融合育人实践活动对学生全面发展的价值，即通过融合式教学，建立起五育内容与学生个体已有知识经验以及逻辑认知之间的联系，进而涵养学生个体生命成长的整体性。在体育教学中实施"五育融合"，对于学生身心成长的意义在于，通过融合的方式，帮助学生建立完整的健康和运动技能知识结构，提升解决问题和实践创新的能力，不断丰富与提升学生主动创造的精神，塑造学生正确的健康观、运动观，让学生养成积极健康的生活方式，提高学生的生活品质和生命质量。

（一）以体立德，强化青少年品德养成和社会适应

"立德"最早见载于《左传·襄公十四年》："太上有立德，其次有立功，其次有立言。虽久不废，此之谓不朽。"这段发生于范宣子与叔孙豹之间的谈话就"死而不朽"的内在指向进行了深入讨论，提出了在后世影响深远的"三不朽"论，并将"立德"确立为"三不朽"之首，从实际上论证了中华民族以"立德"为本的教育底色和终极追求。"育人的根本在于立德"是党的二十大报告提出的具有重要理论价值和实践意义的命题。2018年5月，习近平总书记在北京大学师生座谈会上指出："人才培养一定是育人和育才相统一的过程，而育人是本。人无德不立，育人的根本在于立德。这是人才培养的辩证法。"体育与健康课程在立德树人方面发挥着巨大的作用，在学生人格的健全、意志的锤炼和情感的调适方面有着天然的学科优势。梅贻琦先生曾说，体育是学生养成高尚人格的最好方法，是人格培养的重要手段。尚德是体育精神的灵魂，遵守规则、尊重对手、诚信自律、公平竞争、自尊自信、积极进取、勇敢顽

强、团队精神等体育品德学科核心素养，彰显了体育对立德树人的功能价值。体育活动可以培养青少年正确的价值观念和美好的精神风貌。

同时，开展体育思政课程，将思想政治教育融入体育教学活动，以体育课程丰富的教学内容为载体，充分发挥各个体育项目的思政教育元素，提炼体育教学中的"价值引导"要素，对处于"拔节孕穗期"的青少年有着重要的引领作用。体育运动的项目种类繁多，在具体开展体育"课程思政"的教学活动时，可以抓住各体育项目的共性特点，融入德育元素，设立德育教育目标，包括体育人文知识的学习、运动技能的掌握、竞赛规则的了解、顽强意志的培养、团结协作精神的塑造、强大心理素质的提升、家国情怀和社会责任的培养等，都可以作为体育课堂中的德育目标。在体育技能传授中塑造学生意志品质、心理素质，在体育文化传播中引领学生的人生观、价值观，最终实现体育与德育的目标有机融合。

（二）以体启智，提升青少年智力水平和学习能力

智育的主要任务在于促进学生掌握系统的体育科学理论知识，形成基本的运动技能，增长知识与见识，全面提升学生的智力水平。研究表明，体育对青少年智力发展具有显著的促进作用。体育运动能够改善大脑的营养状况，为智力发育提供良好的物质基础，能改善大脑皮质神经的强度、平衡性、灵活性，进而推动智力发展。运动过程中会产生大量神经元，而良好的环境刺激则有助于神经元的存活。也就是说，体育课为大脑提供了学习所需的原料，而课堂学习则促使新生的神经细胞连接到神经网络中。体育教学包括理论学习与身体实践两部分，体育理论的学习本身就是丰富青少年情感与智慧的过程，如体育理论学习过程中的体育心理学、运动遗传学、体育运动的发展史等学科，对青少年的文化塑造都有着至关重要的作用。此外，体育与青少年文化知识紧密相关，体育能够使青少年在劳逸结合、动静兼备的环境中更加高效地学习，在促进青少年身体健康的基础上，帮助他们掌握知识，提升学习能力和专注力，进而增强学习效率并改善记忆能力。

（三）以体尚美，培养青少年审美情趣和人文修养

体育肩负着促进个体身体、心理和社会适应能力全面发展的教育使命，这决定了塑造身体美不仅是学校体育最本质价值的体现，也是对人作为自然界肉身性存在的身体之美的肯定。美育又称为"审美教育"，主要目的是提高青少年艺术修养，培养他们欣赏美、爱好美、创造美的能力。而体育是健与美的综

合，作为美育的重要载体，能巩固和提升青少年的审美能力，对青少年美好心灵的塑造具有启智润心的重要作用。在学校教育中，应将侧重点转移至提高学生的审美人文素养，引导学生发现并领悟体育视角下的动作技术之美、意识之美、精神之美、人格之美。体育运动堪称力与美的融合，体育之美通过各种运动形式展现出来，如花样游泳、体操、撑竿跳、武术套路等运动项目，无不体现出体育的刚柔并济之美。在篮球、排球、田径接力跑等集体项目中，运动员之间精准的传切配合、交接棒次的默契传递，充分体现出团队协作间的意识之美。体育在培养青少年强健体魄与运动技能的同时，也促进了他们精神和人格的良好发展，培养他们不仅懂得如何追求胜利，更要学会如何体面且有尊严地面对失败的人格之美。

（四）以体促劳，塑造青少年劳动品质与生活技能

新时代的劳动教育观念强调"教育的劳动性"和"劳动的教育性"，更加注重劳动素养的培养。体育秉承的"持之以恒"精神与劳动赋予人的精神相契合，体育所提倡的"实践第一"指导思想与劳动的践行指南相吻合，体育推崇的"天道酬勤"理念也与劳动的教育观念相符合，因此，通过体育开展劳动教育，成为对学生进行劳动教育的又一途径。

"运动流汗，以'劳'强体；运动快乐，以'劳'润心"，在素养培育里以体劳融合为基础，将体育精神融入"体育＋劳动教育"，塑造学生的劳动品质，让学生明白体育源于劳动，与劳动同在。在劳动中创造，实现力量与健体的融合。通过科学的体育训练方法，培养学生的劳动技能，同时通过体育教学、体育活动的形式，让学生去享受乐趣、增强体质，在此过程中充分锻炼学生的交流沟通能力，达成劳动教育和体育教育共同的育人目标。通过体劳融合，最终使体育成为一种生活方式，让劳动成为一种生活习惯。

二、以体融合育人对学校发展的影响

学校教育中"五育融合"的教学实践，即通过融合的形式实现学生德智体美劳的全面发展，是将德智体美劳五育在学校课程和教育教学活动中相互渗透，进而实现五育的整体生成。尊重个体的成长，实现个体全面发展需求，是对新时代"如何培养人"这一教育根本问题的科学回答。以体融合育人实践是学校五育融合教育实践中重要的缺一不可的内容，其独特学科特性和开放的育人空间，能完美体现学校综合育人、协同育人的价值理念。

（一）赋能活力，营造运动健康、阳光向上的校园文化

学校文化是一所学校发展的灵魂，彰显着学校的生命力和创造力，是学校理念和价值的内在体现。学校体育文化作为学校文化的重要组成部分，其独特的外显性体现了学校文化的外在形象，凸显着学校阳光健康、和谐向上的精神品质。基于健康中国、体育强国战略顶层设计和体育与健康学科育人实践，体育与健康课程改革的出发点和落脚点是促进学生的全面发展，"重视育体与育心、体育与健康教育相融合，充分体现健身育人本质特征，引导学生形成健康与安全的意识及良好的生活方式，促进学生身心健康、体魄强健、全面发展"。以体融合育人的教学实质是促进学生更高质量的整合性体育学习活动，以体融合育人的关键是探寻和创造出以体为基，多学科联动的融合机制，旨在通过以体为主、融合四育的多形式、多维度的活动形成育人合力，更好地发挥育人实效。从融合实践的角度出发，以体融合育人的教学实践，能赋能学校教育活力，促进学校五育融合的整体规划和发展，将无形的整体育人、协同育人的教育理念以显性方式推进，促使五育并举迈向五育融合。

（二）以体固本，完善学校综合育人、协同育人课程架构

在五育融合的导向下，以体融合育人的教学实践需遵循以"体"立德、以"体"启智、以"体"尚美、以"体"乐劳的育人逻辑，积极探索树立"五育融合"的理念，强化"五育"目标，创设体育课程的育人环境，激发学生综合素养发展的内在驱动力，完善学校体育评价机制，促进"五育"之间相互融通，以"五育"理念为引领，提升教师的综合育人能力，探索以"体"育人的实践路径。通过"体育＋"的方式，打破学科边界壁垒，打通学科内在联系，例如将时代精神、传统文化融入体育课堂和体育活动。

（三）多元融合，优化学校教育教学"三全育人"的评价体系

"三全育人"的本质即把一切育人元素都调动和利用起来，把加强党对学校的全面领导与学校的人才培养改革结合起来，紧紧围绕立德树人的根本任务，促进学生德智体美劳全面发展，培养社会主义建设者和接班人。以体融合育人即以体育为统领，引领其他四育，带动各项素质教育全面融合开展，即以体立德，以体启智，以体尚美，以体乐劳。通过多元整合和融合，促进学校全员、全程、全方位育人评价体系的优化和完善。

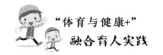
三、以体融合育人对社会发展的价值

以体启智、以体育心，强化学校体育是实施素质教育、促进学生全面发展的重要途径，对于促进教育现代化、建设健康中国和人力资源强国，实现中华民族伟大复兴的中国梦具有重要意义。习近平总书记指出："体育是提高人民健康水平的重要途径，是满足人民群众对美好生活向往、促进人的全面发展的重要手段，是促进经济社会发展的重要动力，是展示国家文化软实力的重要平台。"

（一）有利于强化青少年爱国教育，培育高素质人才

毛泽东同志在《体育之研究》里指出，"欲文明其精神，先自野蛮其体魄。"在以体融合育人实践中，注重强筋骨、增知识、调感情、立规矩、重品德，并植入爱国主义教育和中华传统文化，有助于培养青少年勇敢顽强、吃苦耐劳、沉着果断、坚韧不拔的意志品质，有助于树立公平公正的规范意识，有助于培养团结友爱和爱国主义精神，进而为党和国家培育意志坚定、作风优良的高素质人才。

（二）有利于推进体育强国、健康强国建设，促进社会和谐发展

党的二十大报告提出，到 2035 年，要"建成教育强国、科技强国、人才强国、文化强国、体育强国、健康中国"。少年强则中国强，健康的体魄，强劲的毅力，是青少年承载祖国未来、振兴民族发展的基石。在五育融合的背景下，推进以体融合育人探索与实践，将为实现这一系列目标提供坚实有力的支撑。一方面，以体融合育人有利于培育青少年体育核心素养，为国家输送高水平竞技人才，形成可持续的人才储备；另一方面，以体融合育人也是青少年健康生活方式的重要培养路径。通过融合实践，可以促进青少年的身心健康，提高生命质量，减少社会医疗开支，是实现全民健康有效且经济的手段。自"双减"政策落地以来，社会对青少年身心健康愈发关注，通过增强学生体质、改善不良情绪、缓解心理压力，重视感情交流与协同合作，能进一步提升青少年社会适应能力，促进社会和谐发展。

（三）有利于促进家校社联动，推动全民健身和全民健康深度融合

《"健康中国 2030"规划纲要》《体育强国建设纲要》等政策均提出要推进健康中国建设，推动全民健身与全民健康深度融合，这既是新时代我国全民健身工作的新起点，也是实施健康中国战略及新时代学校体育工作的新要求。通过以体融合育人实践，发挥学校体育的功能，引领全民健身新风尚，推进学校、家庭和社区全民健身的一体化布局，助推全民健身和全民健康深度融合。

第二章 "体育与健康＋1"

第一节 "体育与健康＋德育"

一、德育概述

（一）德育的定义

广义的德育是指所有有目的、有计划地对社会成员在政治、思想与道德等方面施加影响的活动，包括社会德育、社区德育、学校德育和家庭德育等。

狭义的德育专指学校德育。学校德育是指教育者按照一定的社会或阶级要求，有目的、有计划、有系统地对受教育者施加思想、政治和道德等方面的影响，并通过受教育者积极地认识、体验与践行，以使其形成一定社会与阶级所需要的品德的教育活动，即教育者有目的地培养受教育者品德的活动。

通常所说的德育即为德育教育，是对学生进行思想、政治、道德、法律和心理健康的教育，德育是学校教育工作的重要组成部分，与智育、体育、美育、劳动教育等相互联系，彼此渗透，密切协调，对学生健康成长成才和学校工作具有重要的导向作用。各级学校应将德育工作摆在素质教育的首要位置。

（二）德育的功能

德育是各个社会共有的教育现象，具有社会性，贯穿人类社会发展始终。德育随社会发展而演变，具有历史性。德育在存在阶级和民族差异的社会中具有阶级性和民族性。在德育的历史发展中，其原理、原则、内容和方法具有共性特征，因此德育具有继承性。德育涵盖思想教育、政治教育、道德教育和心理健康教育。其中，思想教育是塑造学生一定的世界观和人生观的教育；政治教育是形成学生一定的政治观念、信念和政治信仰的教育；道德教育则是促进学生道德发展的教育。可以说，我国的德育教育是一种覆盖整个社会意识形态的"大德育"。然而，一个人品德的发展，世界观、人生观的形成，政治觉悟的提高，各属于不同层面的问题，其形成过程和内在机制相差甚大，不能采用一样的手段、方法，通过一样的途径，遵循一样的原则，来实施政治教育、思想教育和道德教育。

（三）德育的任务与内容

1. 德育的任务

德育的任务是把全体学生培养成为爱国的，具有社会公德、文明行为习惯且遵纪守法的公民。在此基础上，引导他们逐步确立科学的世界观、人生观、价值观，并不断提高社会觉悟，为培养坚定的共产主义者奠定基础。

（1）培养学生初步树立坚定正确的政治方向。

没有正确的政治观点，就等于没有灵魂。中小学德育应教育学生树立坚定正确的政治方向，坚持中国特色社会主义道路，坚持中国共产党的领导，热爱祖国，热爱人民，立志为社会主义现代化建设事业努力奋斗。

（2）引导学生逐步确立科学的人生观和世界观。

中小学德育应教育学生正确地认识与处理个人、集体和国家的关系，正确认识人生价值，树立全心全意为人民服务的思想和科学的人生观；同时，要培养学生勇于实践、实事求是的作风，养成尊重科学的态度，提高辨别是非的能力，形成辩证唯物主义和历史唯物主义的世界观。

（3）培养学生良好的道德品质。

青少年时期是道德品质形成的关键时期。道德品质是个人在实践活动中，通过认知、认同和内化，将一定社会的道德原则和规范转化为自身稳定的价值取向，并外显于思想意识和行为习惯的综合素养。中小学德育在人的成长中发挥着重要作用，要提高学生的道德认识水平，陶冶道德信念，磨炼道德意志，培养道德行为习惯。

2. 德育的内容

（1）民族精神教育。

以爱国主义为核心，培育和弘扬团结统一、爱好和平、勤劳勇敢、自强不息伟大民族精神的教育；中华民族传统美德和革命传统的教育；创新精神的

教育。

（2）理想信念教育。

以邓小平理论、"三个代表"重要思想为主要内容的思想政治基础教育；初步的辩证唯物主义和历史唯物主义基础知识教育；立足岗位、奉献社会的职业理想教育。

（3）道德品质、文明行为教育。

集体主义精神、社会主义人道主义精神教育；社会公德、家庭美德教育；以诚信、敬业为重点的职业道德教育；学生日常行为规范、交往礼仪以及职业礼仪的教育与训练；珍爱生命、远离毒品的教育；保护环境的教育。

（4）遵纪守法教育。

法律基础知识教育；职业纪律和岗位规范教育；自觉遵守学校纪律和规章制度的教育。

（5）心理健康教育。

心理健康基本知识教育，心理咨询、辅导和援助。

3. 中小学德育工作规程中的德育释义

《中小学德育工作规程》总则第七条中指出：中小学德育工作要注意同智育、体育、美育、劳动教育等紧密结合，要注意同家庭教育、社会教育紧密结合，积极争取有关部门的支持，促进形成良好的社区育人环境。

第十四条指出：中小学校的德育工作应实行校长负责的领导管理体制。中小学校长要全面贯彻教育方针，主持制订切实可行的德育工作计划，组织全体教师、职工，通过课内外、校内外各种教育途径，实施《小学德育纲要》《中学德育大纲》。

二、"体育与健康＋德育"的理解

（一）"德育"的政策指向

党的十八大以来，党中央高度重视德育工作，出台了一系列文件，从2012 年提出把立德树人作为教育的根本任务到 2018 年全国教育大会强调德智体美劳全面发展。即把"立德树人作为教育的根本任务""德育为先"和"德育为根"，围绕"培养什么人、怎么培养人，为谁培养人"等问题，系统设计了德育教育的内容、途径、方法。比如，全国教育大会提出建立立德树人落实机制，健全全面培养体系，构建更高水平育人体系等；强调德育贯穿于五育的始终，必须实现从教书育人到立德树人的转变；"构建全员、全过程、全方位，育人格局"，也使德育工作受到空前的高度重视。

（二）体育与健康课程里的"德育"表达

义务教育段在培养目标上指出要在坚定理想信念、厚植爱国主义情怀、加强品德修养、增长知识见识、培养奋斗精神、增强综合素质上下功夫，使学生有理想、有本领、有担当，培养德智体美劳全面发展的社会主义建设者和接班人。

《普通高中体育与健康课程标准》中把"立德树人"作为体育与健康课程的主要内容。课程性质、课程目标、课程内容及学科核心素养等都具体表述了体育品德，体育的内涵已经超越了强身健体的范畴，"立德树人"涵盖了整个体育与健康课程，强调"注重学科德育"。明确了学生学习体育课程后应达成正确的价值观念、必需品格和关键能力，强调体育的健身育人目的，并且有针对性地渗透德育，在体育课程中体现"立德树人"。这就要求我们体育教师在学习领悟体育精神时，时刻关注理念的更新。

《普通高中课程方案（2017 年版 2020 年修订）》在品德培养方面提出了很多目标，如文明礼貌、诚信友善、遵纪守法、履行公民义务、行使公民权利、具有社会责任感等。当然，学生品德培养是多方面努力的结果，但体育与健康课程因为其学科特色，在品德培养方面能够发挥很大的作用。

三、"体育与健康＋德育"的实施路径

（一）体育与健康＋德育的实施策略

德育生活化、生活德育化，基于体育核心素养"健身育人"的学科本质，根据体育与健康课程的特点与功能、学生发展的特点与需求，在体育教学中应明确学生应该"成为什么样的人"。体育教学中蕴含着德育教育，德育教育又融合于体育教学中，两者相辅相成，有着紧密的内在联系。

为了顺应新时代对教育的要求，体育教师的教学思想也做出了改变，向着德育教育与体育教学融合的方向发展，二者的多元融合对学生的发展具有重要的意义。

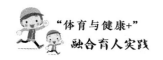
首先，二者的融合既可以提高学生的综合素质，提高体育课堂教学质量，也可以使学生意识到德育教育对自身的重要性和影响。同时，二者的融合还可以提高学生的心理承受能力，使学生综合素质得到全面提升，这也是满足当代学生实际学习和社会发展的需求。

其次，通过德育教育与体育教学融合还可以使学生的人格得到历练。由于很多家庭都是独生子女且人格历练的机会相对较少，而二者的融合在很大程度上可以解决学生的这种问题，使其人格得到显著历练和提升，增强学生面对社会竞争的实力，使其未来在面对挫折和困难时能够从容面对，这也正是德育教育与体育教育融合的意义所在。

体育品德是指人们在体育活动中表现出来的道德品质，是体育活动的重要组成部分。社会所强调的道德品质在体育运动中都有体现，通过体育活动可以培养学生优秀的道德品质，在体育运动中培养起来的道德品质对社会的道德观念和行为规范也会起到积极的促进作用。

体育品德涉及的范围较广，主要包括体育精神、体育道德和体育品格这三个方面。培养学生的体育品德，需要引导学生学会在体育运动中遵守规则、尊重他人、讲究礼貌、公平正义、形成正确的胜负观、表现出积极的社会责任感等，从而促使学生在体育活动中将形成良好的体育品德，并迁移到日常生活中。

（二）"体育与健康＋德育"的实施路径

体育与健康课程是培养学生体育品德最好的载体，体育运动比赛中激烈的拼抢、身体的对抗、不断挑战极限、各种比赛规则的遵守、裁判的判罚等，都会让学生体验到自信、顽强、公平、诚信、尊重、礼貌等体育品德。新课程标准就是通过体育与健康课程来培养学生的体育品德，从而让他们更好地适应社会发展的方向。

首先，体育课程可以通过体育活动和竞赛等方式，帮助学生们培养顽强拼搏、团队合作、诚实守信、自我管理等品德素养，提高他们身体素质和综合素养。

其次，体育课程还可以通过体育规则的执行和比赛中的公平竞争等方式，教育学生们如何遵守规则、尊重裁判、尊重对手，培养他们的公正公平意识，增强他们的道德判断力和自我调控的能力，这些品德素质和能力对学生未来的发展和成长至关重要。

最后，德育课程和体育课程也具有相互补充的作用。德育课程可以提高学生的道德素养，使他们更好地理解和体验体育精神，进而促使他们更好地发挥自己的身体潜力；而体育课程则可以让学生更好地体验和感受德育所强调的诚信、友爱、公正等价值观念。德育与体育学科课程之间是紧密相关的，两者之间的内在联系在于德育强调的价值观念和素质与体育学科所强调的诚信、合作、公平、顽强拼搏等精神能相互促进和相互支持。

"体育与健康＋德育"两者的实施路径如下：

（1）设定体育教育的目标，注重品德教育的培养。在体育课程的设置中，设定明确的品德教育目标和体育技能目标，注重品德教育的培养。通过体育教育来引导学生，激发学生的爱国、尊重、友爱等品德情感，提高学生的诚实、守信、合作、创新等品德素养。

（2）重视体育教育，实施品德教育。体育课堂本身就是一门开放性的较强的学科，通过体育运动参与，帮助学生认识到德育的重要性，意识到德育存在于我们生活的方方面面。我们要利用体育课堂教学渗透德育。随着德育与体育教育的融合，很多教师已经转变自身的教学方式，但是在实际教学中，很多教师仍然没有使学生充分体验到德育教育。在体育教育过程中，需要采用多种教育手段，如体育游戏、体育赛事、理论课讲解等，通过体育教育手段来实施品德教育。例如，在比赛中引导学生严格遵守比赛规则，认真对待裁判判罚结果，实施"比赛有输赢，做人无得失"的教育。"兴趣是最好的老师"，同时也是学生开展一切学习活动的关键因素，因为只有使学生感受到课堂活动的乐趣才能促使其积极参与到其中，这在很大程度上可以改变学生对德有教育的想法，从而使体育课堂教学更好发挥作用，实现渗透德育的目的。此外，利用体育课教学还可以推动与德育融合顺利进行，提高学生的参与性，促进实现高效教学。

（3）利用体育活动渗透德育，体育活动不仅是教学中的重要组成部分，同时也是渗透德育的有效途径。

在教学过程中由于学生对体育活动较为喜欢，此时正是加深学生德育的最佳时期。通过形式多样的体育活动可以有效吸引学生眼球，学生能够充分认识到体育活动对自身的重要性，并积极参与到课堂活动中；同时，教师在学生参与体育活动的过程中还应正确引导学生，进一步使其明白和了解体育活动的参与过程，最大限度地确保学生的身心得到健康发展，从而全面提高学生的拼搏意识，勇于积极面对教学中的各类困难。

同时，要想使德育有效渗透，教师还应将教学内容时刻围绕体育活动的性

质而展开，切不可将教学内容偏离实际教学方向，并结合班级学生的实际性格特点以及体育活动特点来对学生进行德育。通过上述活动，学生的意识得到有效提高，也可以改变学生对德育模式的想法，从而使学生树立正确的人生价值观，实现体育课堂教学和德育的多元融合，促进学生身心的全面发展。

（4）利用体育竞技赛事渗透德育。体育竞技赛事是体育教学活动的重要组成部分。它不仅备受学生喜爱，同时也是实现渗透德育的有效途径。

首先，学生所热爱的事物往往比较多，利用体育竞技赛事渗透德育，可以使两者关系更加紧密。同时，任何学科之间的融合都是需要进行相向过渡的，只有做好二者之间的衔接工作，才能使其发挥最大的作用和价值。

其次，教师在利用体育赛事渗透德育时还应结合体育教学与德育之间的共同点来加强德育。例如，在学校或班级举行乒乓球比赛、跳绳比赛、越野赛以及大型运动会，有利于学生身心健康，在这个过程中，教师不仅要教授学生掌握基本技能技巧，还能培养学生坚毅的品质，形成团结合作、拼搏奋进、积极向上、尊重互爱等优秀品格。利用体育赛事使学生充分认识到德育与体育之间的关系，不断提高学生的心理素质和抗压能力。让学生在未来工作中能够适应各类工作环境，使其成为一名高素质高技能且抗压能力较强的人，从而使体育竞技赛事更好地渗透德育，促进二者多元融合。

（5）加强体育场馆管理，为品德教育创造良好的环境。体育场馆的管理对于品德教育的实施至关重要。要在场馆内树立道德标准，推广健康积极的体育文化，维护场馆的卫生与秩序，为品德教育创造良好的环境。

（6）取得社会支持，提高品德教育的质量和影响力。体育教育需要得到社会各界的关注和支持，才能更好地实施品德教育。不断强化品德教育宣传，引导全社会重视品德教育在体育教育中的作用，加强家校协作，共同促进学生综合素质和人格的发展。

综上所述，体育教育的各个环节都可以被视为体育促进品德教育实施的路径，只有将体育教育中的品德教育与体育技能培养紧密结合起来，才能真正做到身心并进，全面发展。

（三）"体育与健康＋德育"在体育课堂教学中的实践解析

水平	学习主题	说明
水平一	两人三足	结合体育教学要求，正确地掌握走和跑的动作方法，发展学生走和跑的能力。提高游戏的难度，要求学生步调一致，在走的基础上实现跑，并快速到达终点。目的是让学生在解决问题的同时，激发学生的竞争意识、团结意识和拼搏意识
水平二	少年武当功	让学生知道习武的目的和意义，让学生观看一些爱国主义题材的武术影视片，利用图片、宣传画廊、红领巾广播站、班队主题活动等方法，对古代的英雄事迹、武术的悠久历史，以及练武的内涵等进行大力宣传，以激发学生对武术运动的热爱，使学生认识到学武术能强身健体，培养自强不息、诚信正直、谦和忍让、遵守社会公德的品格
水平三	国旗下好少年	结合"长征精神"主题教育，把先烈们顽强的革命精神加入田径、体操等的运动项目中，引到学生角色中来，发展学生的耐力、体能，培养其坚强的意志力，懂得如今生活来之不易，学会珍惜、学会感恩
水平四	互助友爱	结合初中生的特点，引入相互关爱，互相理解、包容的事迹，在游戏、球类、体操类等项目中引导学生相互配合、相互保护，温暖他人，培养学生的团结合作、应变能力和分析能力
水平五	伟大中国梦	结合当代先进个人先进事迹，激发学生的自信心、荣誉感，在田径、体操、球类等运动项目逐渐加入自主创造性环节，引导学生合理分配，运用所学技、战术完成比赛或运动技能，培养自我挑战、不畏艰难的意志品质

第二节 "体育与健康＋智育"

一、智育概述

（一）智育的定义

"智育"与"教学"是两个紧密相连的概念，但它们又有一定的区别，属于不同的范畴。智育是使受教育者通过文化科学知识和技能的学习，发展智力的教育。

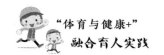

对智育的认识与教育科学、时代的发展密切相关。从人类教育诞生起，智育就占据整个教育活动的中心。在古代社会，智育主要是传授生产劳动和社会生活经验。而在今天，随着人们对智力内涵的认识不断加深，智育的目的、内容与途径都发生了很大的变化，智育在现代教育中的地位也变得更为重要。智育是人的全面发展教育的一个重要组成部分，与德育、体育、美育等相并列。

（二）智育的功能

智育是社会文明进化必不可少的条件，是开发人的智力，培养各级各类人才的重要手段。智育的功能可以从它对社会发展和个体发展的作用来理解。

1. 智育的社会功能

（1）促进生产力、科技发展和社会进步。

生产工具是物化了的智力，它反映了生产力的发展水平。生产工具的进化要求有相应的智力水平，因此，智育对生产力的促进作用是随着生产工具的不断进化而日益加强的。尤其是在现代社会，由于生产力和科技的突飞猛进，社会生产对科技的需求，最终会转化为对具有一定智力水平人才的需求。教育经济学中的人力资本理论指出："正是由于教育对劳动者智力等的开发，国家、社会和企业才可能实现最快的经济增长。"当前，越来越多的人认识到，有关社会和个人发展的最紧迫的时代性课题就是如何发挥智育的功能。

（2）传承文明，促进人类智慧发展。

人类的智慧成果是以两种方式得以传承和发展的：一种是客观的或物质的形式，比如工具、图书和其他媒介的形式；另一种是主观的即主体的心智能力，包括智力的形式。这两者之间又是通过相互作用而相互促进的。由学校参与的智育是有目的、有计划地将物化的智力成果（即客观知识体系）同主观的智力成果结合起来，实现客观文化向学生主体能力的转化，以增进学生智力的发展，提高学生的思想道德素质和科学文化素质。

智育在实现传承人类智慧的同时，也促进了人类智慧的发展。通过智育，学生能够掌握大量的科学文化知识和科学的思维方式，这有助于学生树立正确的世界观、人生观和价值观，并渗透到学生社会生活的各个方面，进而影响更多的社会成员。人们在此基础上创造出新的科学、技术和精神产品，促使社会文明不断进步。

2．智育的个体功能

（1）智育是人全面发展的重要内容。

智力的自由发展意味着个体不再仅仅是一个简单的劳动工具，而是一个能够全面、自由和充分地吸收、再现人类社会历史发展中所形成的知识、经验和能力，并在此基础上有所创造、有所前进的主体。因此，智力发展也就成为个体全面发展的重要内容。以智力发展为主要目标的智育活动也就自然成为个体实现全面发展的重要途径。

（2）提高个体社会生活质量。

当代社会已经是一个智能化的社会。智能技术正不断通过各种渠道渗透到社会生活的各个领域，如消费、服务、交往和娱乐等人类生活的方方面面。从个体社会生活的角度看，智育的意义也是十分重大的。

3．智育的教育功能

智育的教育功能是指智育作为全面发展的重要内容，是德、体、美、劳各育的基础。无论德育、体育、美育或劳动技术教育，必要的知识以及相应的理解和认知能力都是不可或缺的因素。以德育为例，在德育过程中，道德情境和事实的分析以及道德策略的选择等都需要一定的知识和心智能力做基础；否则，即使价值观方面的教育再有效，学生在实践道德时仍然会有判断失误和"好心办坏事"的问题。

在体育过程中，要使学生身心健康，具有较强的社会适应能力，就要让学生掌握必要的健康知识以及体育锻炼方法。只有在科学理论的指导下，才能形成正确的体育与健康观，达成有效的锻炼，最终实现"育"的目标。

（三）智育的任务与内容

1．智育的任务

智育的任务是发展学生的智力。通过向学生传授系统的文化科学基础知识，形成基本技能，发展学生的智力。

（1）传授知识。

现代认知心理学认为，知识可分为陈述性知识和程序性知识。陈述性知识是指个人有意识地提取线索，因而能够直接陈述的知识。陈述性知识也可称为记忆性知识，是一种狭义的知识。程序性知识则是指个人无意识地提取线索，

只能借助某种作业形式间接推测其存在的知识。广义的知识包括程序性知识。就智育而言，学习陈述性知识会使学生的心智产生变化。但是过于强调陈述性知识，不仅影响知识掌握的程度，而且在一定程度上会阻碍学生将所学知识转化为技能的可能，不利于学生智力的发展。因此，要特别重视程序性知识的教与学。

（2）发展技能。

形成必要的技能也是智育的重要任务。技能是指在练习的基础上形成的，按照某种规则或操作程序顺利完成智慧任务或身体协调动作的能力。就体育中动作技能形成过程而言，其学习内容是体育教育的内容，但与动作相关的心智发展却是智育的目标，动作活动中必然伴随一定的认知、判断、推理和协调等心智活动。要想提升学生的动作技能掌握及运用程度必然依靠个体的智育发展水平。

（3）培养自主性和创造性。

自主性是一种人格特质而非智力本身。但毫无疑问，自主性亦是个体智力品质的重要特征之一。任何智力活动都需要通过联想等方式将已知条件和未知的结论连接起来，而其中就必然包含有自主的批判性思维。英国学者迪尔登认为："智育并不只是装载认知内容的问题，它还意味着努力获得精确性、明晰的表达力、秩序，以及各部分之间的关系。当审查和评价认知内容并在总体上对之进行批判性评估时，智育更是意味着一种批判性分辨的活动。"也正是由于这种批判性思维活动，才使得智育能够培养自主性。因此，自主性的培养不仅是一种价值或德育的目标，也是智育的重要任务。

创造性是智力发展的最高目标，也是智育活动努力探索的课题。创造性地培养无论对于个体还是对于整个民族和人类，都具有重大和深远的意义。

2. 智育的内容

根据智育的表现形式以及影响学生的方式，智育的内容可分为显性智育内容和隐性智育内容。显性的智育内容主要包括课程标准规定的基本知识和技能，以及在教师指导下的其他智力活动的内容，如语文课、数学课以及社会实践活动等。

隐性的智育内容主要包括不在课程标准规定范围之内的，教育环境中以间接的、潜隐的方式呈现的智育内容。如校园和教室内的环境布置、课外读物和现代媒体提供的智育内容等。隐性的智育内容可以对学生智力和非智力因素的发展产生刺激和推动作用。实际上，不仅教材内容可以作为现代智育的重要内容，而且教材以外的、许多可控和不可控的知识（如学生从互联网上获取的知识）、技能、新鲜的刺激以及教师与学生求知、交往的方式、方法等，都可以成为智育的内容。

二、"体育与健康＋智育"的理解

（一）"智育"的政策指向

2019 年 6 月，中共中央和国务院发布的《关于深化教育教学改革全面提高义务教育质量的意见》，明确要求"坚持'五育'并举，全面发展素质教育"。2020 年 10 月，中共中央和国务院印发《深化新时代教育评价改革总体方案》，将这一方针再一次强化："提升智育水平。着力培养认知能力，促进思维发展，激发创新意识。严格按照国家课程方案和课程标准实施教学，确保学生达到国家规定学业质量标准。充分发挥教师主导作用，引导教师深入理解学科特点、知识结构、思想方法，科学把握学生认知规律，上好每一堂课。突出学生主体地位，注重保护学生好奇心、想象力、求知欲，激发学习兴趣，提高学习能力。加强科学教育和实验教学，广泛开展多种形式的读书活动。各地要加强监测和督导，坚决防止学生学业负担过重。"

（二）体育与健康课程里的"智育"表达

1. "体育"的政策指向

强化体育锻炼。坚持健康第一，实施学校体育固本行动。严格执行学生体质健康合格标准，健全国家监测制度。除体育免修学生外，未达体质健康合格标准的，不得发放毕业证书。开齐开足体育课，将体育科目纳入高中阶段学校考试招生录取计分科目。科学安排体育课运动负荷，开展好学校特色体育项目，大力发展校园足球，让每位学生掌握 1 至 2 项运动技能。广泛开展校园普及性体育运动，定期举办学生运动会或体育节。鼓励地方向学生免费或优惠开放公共运动场所。通过购买服务等方式，鼓励体育社会组织为学生提供高质量体育服务。精准实施农村义务教育学生营养改善计划。健全学生视力健康综合干预体系，保障学生充足睡眠时间。

2. 体育与健康课程里的"智育"关联

1）体育与健康课程里的"智育"元素

体育中的身体教育、身体锻炼和竞技运动，不仅需要科学的知识、合理的技术、技能，而且还需要身体力行，身心共用，才能达到预期的目的。因此，体育的学习与运动需要经历复杂的认知、推理、判断、演绎等过程，呈现出与其他学科不同的认知特征。

（1）内容多样性的特征。体育活动是人类生命与文化结合的一种活动，经过长期的历史积淀，蕴含着丰富的内容，包括理论与实践两大部分内容。在理论部分，由于体育与自然、人文、社会密切联系，所以体育包含着很多的自然、人文、社会科学知识。在实践部分，体育包含着数不胜数的竞技项目和身体锻炼的内容，每种内容都有其独特的练习方法和规范要求，而不同的竞技项目都有其对应的组织竞赛的规则和裁判方法。从内容形式的多样性以及多学科的互相渗透结合来看，进行体育的学习可以获得广博的知识技能。

（2）身体运动与思维活动相结合的特征。体育运动多数不是简单的肢体运动，常常伴有对动作技术的理解、要领的掌握、形体的表现、比赛临场的发挥、技战术的配合以及运用等，要经历感知、认识、观察、对比、分析、想象、判断、创造等一个个复杂的心智过程。身体运动与思维活动的这种长期结合，既能改善身体健康状况，又能开发大脑，呈现出明显的智能特征。

（3）模仿性与创造性相结合的特征。体育中的模仿，通常被理解为对他人躯体运动的复制，这似乎是一个极简单的过程。现在，模仿的跨学科研究成果将模仿描述为："一种罕见的从根本上与人类特有的智力形式相联系的能力，特别是语言、文化和理解他人思想的能力。"模仿被认为与高级形式的智力有关。创新，在体育的学习与运动中无处不在。由于认识、身体条件、运动基础、个性特点等的区别，每个人必须因人而异地寻找自己的学习与运动的方法，这种各自不同的学习与运动方法的采用本身就是一种创新。一个动作的临场变化、一套动作的表现、一种战术的运用、一场团体项目对抗赛的互相配合与发挥等，都是创新的体现。这些创新的成果由于情景与条件的不同，是不可以复制的。模仿与创新都是一种智力活动，在体育的学习与运动中，首先是模仿，然后在模仿与创新的互相结合中不断地进行和发展。

（4）理论与实践相结合的特征。体育不管是身体教育、身体锻炼，还是竞技运动，都是一种有目的、有意识的运动，要严格遵循教育的规律、身体机能变化的规律、运动技能形成的规律等，都要接受社会的行为规范（包括遵守规则），都分别体现其人文、社会与自然的科学精神。体育运动离不开理论（包括经验性知识）的指导。体育这一理论与实践相结合的特征，有效地强化了体育学习的效果，既加强学习者对理论深刻性的认识，也提高其实践能力。

（5）部分与整体反复结合的特征。整体与部分在知觉和认知中的作用一直是心理学家所关心的问题。关于这个问题，通常有三种不同的观点：①强调部分的作用，认为认识事物是先部分后整体。②强调整体的独立地位，认为认识事物是先整体后局部。③强调整体与部分的相互作用，认为知觉是整体加工和部分加工共同作用的结果。在体育认知中，常常是部分与整体的反复结合。如一个动作的学习，先是完整示范，再到分解练习，最后到完整练习，如此反复进行，直到对动作的熟练掌握。又如篮球运动，先是单个动作的练习，再到集体性比赛的开展，每次运动几乎都是如此。体育认知这一特点，能有效地加强人对知识、技能认识与掌握的深刻性，也有利于人在"智育"这一板块对事物部分与整体的全面把握。

2）体育与健康课程对促进智育发展的价值

人的全面发展的本质特征是多方面的，但是最基本的方面则是体力和智力的全面发展。因为任何一个社会成员，不论从事任何一种社会活动，包括物质和精神活动，都离不开体力劳动和脑力劳动相结合，都要用手、用脑，离开体力劳动的脑力劳动或者离开脑力劳动的体力劳动，实际是不存在的。只有两者结合，并在此基础上通过社会实践活动不断发展人的体力和智力，才能获得全面发展。而学校体育的首要任务是全面锻炼学生身体，促进学生生理功能、身体素质和基本活动能力的全面发展，增强学生对外界环境的适应能力和对疾病的抵抗能力。但是，在实践中，相当数量的学生认为用一定时间进行体育锻炼会影响文化学习。他们看到的只是体育与智育对立的一面，并没有认识到二者统一的另一面，即体育对智育有促进作用。

在古今中外的历史长河中，智与体共进、文与武兼备而取得卓越成就的名人不胜枚举。这些名人都用事实证明健康与智慧之间具有辩证统一的关系，体育与智育之间可以相互促进或兼长并进。广大中学生中也涌出一大批品学兼优，智育与体育共同发展的合格人才。他们的实践从另一角度证明，体力与智力的发展，体育与智育的发展是可以呈现出同步发展趋势的。

3）体育促进人的智力发展的科学依据

（1）体育锻炼能增强人的体质，促进大脑发育。经常参加运动能增强人的体质，同时能增加大脑的重量和大脑皮层的厚度。科学家用老鼠进行试验，将一组老鼠装入特制笼子中，让其经常跑动、爬高，到长大时解剖，分别测量其

大脑重量和皮层厚度,结果显示经常运动的老鼠大脑重、皮层厚,而且脑神经细胞的树突多。

(2)体育锻炼可使大脑获得营养和氧气,有助于提高思维力和记忆力。人体中管思考、记忆的"机器"是大脑。人脑重量只占体重的 2%,但所消耗的血液却占心脏流出量的 20%,消耗的氧占比为 25%,比肌肉的耗氧量多 15~20 倍。可见,脑细胞比身体内任何组织都更需要有充足的营养和氧气供给。而充足的营养和氧气的供给,又同人体健康状况有直接关系。

科学实验证明,一个身体强壮的运动员,同一般人比,大脑组织的缓冲性能增加,抗酸碱能力增强,氧化酶系统作用和能力也大大提高。脑中的高能磷酸物质充足能为大脑提高思维能力和增强记忆力创造条件。据科学研究结果证明:中、小学生做体操后的精神集中和记忆力要比上完数学课后的高 13%。

(3)体育锻炼可以提高脑细胞反应速度,有利于发挥大脑的潜力。经常参加体育运动的人,视觉、听觉等感觉器官都比较敏锐,大脑神经细胞反应速度较快,大脑皮层的分析、综合能力也较强。曾有人对学生关于体育项目的爱好及兴趣做过统计分析,大多数学生很喜欢球类运动和带有游戏性的体育活动。这些项目,具有一定的复杂性、灵活性、多变性,能培养学生综合能力,使之具有反应敏捷、观察判断准确、想象丰富等优点。这对于提高脑细胞反应速度,发挥脑的潜力具有一定的作用。

(4)经常运动可使大脑更清醒,有助于提高大脑对疲劳的耐受力。大脑皮层对人体的各种活动是有分工的,有的皮层管脑力活动,有的皮层管体力活动。根据兴奋与抑制过程相互诱导规律,运动时管体力活动的神经中枢高度兴奋,而管脑力活动的神经中枢受到抑制。所以在运动之后,由于脑力活动的神经中枢的功能得到恢复,有助于提高学习和工作效率。苏联数学家杰隆年过80 仍然像青年人一样工作。这位科学家坚持体育活动 65 年,他说:"我完全相信,对从事脑力劳动的人进行体育活动是最好的休息方式。"

三、"体育与健康＋智育"的实施路径

(一)"体育与健康＋智育"的实施策略

在"体育与健康＋智育"的大背景下,依据不同的水平段,挖掘体育课程中的智育目标,并确立相应的体育与智育相融合的小主题,最后应用到教学实践中。顺着这一思路,在体育与智育融合的实施策略上,可有两个方向的考

虑：一是基于不同学段，体育与同一学科的融合，如义务段体育与健康可与语文学科融合，同样，高中段体育也可与语文学科进行融合；二是基于不同学科的教学内容，体育与某一学科的融合，如在八年级可考虑体育与物理学科的融合。

（二）"体育与健康＋智育"的实施路径

（1）加强体育知识和理论教育，提高学生的体育文化素养。从宏观角度看，体育是人类所创造的文化的一部分，它表示人对自身进行变革的认识理论和方法。现代体育文化的扩展和拓宽，要求体育教育重视体育知识和理论教学。知识是锻炼身体的向导，是掌握运动技术的先决条件，有了科学知识和理论指导，才能使运动锻炼建立在科学基础上，增强锻炼效果。加强体育知识理论教学，还可充分发挥体育课的教育功能，促进学生全面发展。加强知识理论教育，除了要把握住体育本身的教学内容外，还要把基础知识渗透于每一节课之中。在传授技术时不仅要让学生知道怎么做，还要让学生懂得为什么这样做，说明每一个具体技术动作的细节、目的和价值。例如，进行耐久跑的教学过程中，在指导学生呼吸时，不仅要告诉他们呼吸节奏和跑的节奏要相配合，还需让他们知道这样更有利于气体交换和血液循环，提高有氧代谢，增强跑的能力，改善呼吸系统和血液循环功能，从而有意识地自我训练。

（2）加强弱侧机体运动，开发大脑半球潜力。人的智能等高级神经活动是通过大脑实现的。大脑的两个半球分别支配着对侧肢体的运动和感觉，肢体运动和感觉的信号又不断传入对侧大脑，为大脑的发达提供信息和条件。可以说，大脑半球的发达程度与对侧肢体的运动息息相关。在体育教学和训练中，应有计划地增强弱侧练习内容。如两人互握弱手拔河，加强不习惯活动的一侧肢体的力量性和技巧性练习等。在体育活动中应养成"左右开弓"的习惯。

（3）注意学科横向联系，引导学生学以致用。体育不是一个单一的、孤立的学科，而是由多学科组成的学科群。在教学中要使理论与实践密切结合，就要将与运动动作客观规律有联系的理论知识、与身体练习对机体影响相联系的理论知识，尽可能地在体育实践课中进行讲授，或依靠学生在其他课上获得的知识，让学生领悟到有关他们所要完成动作规律的某些答案。例如在学习跳远时，可以让学生讲明跳远者跳出的远度取决于什么原因；在学习投掷项目时，可以给学生提出用各种角度推、掷铅球的任务，用以比较每次的成绩。

（4）注重培养学生分析、解决问题和自学自练能力。在体育学习、活动和竞赛中，学生会遇到各种问题，而且情境千变万化。教师应重视运用启发式、

发现式等教学法，培养学生分析问题、解决问题的能力。特别是培养学生独立自学、自主锻炼的能力，使他们将来走上社会以后仍能坚持不断学习和运用体育手段，自主锻炼身体。终身坚持体育运动锻炼，是体育教育的重要任务之一。

（5）注重创造力的培养。创造力是能创造出具有社会价值的新理论或新事物的各种心理特征的综合，是智力发展的高级形式。在体育学习和体育活动中培养创造力，应做到三点。一是保护好奇心，激发求知欲。好奇心、求知欲、自信心与创造力发展紧密相关、相互制约。得到鼓励和赞扬，将会促进探索精神和行动的发展。如果受到不合理的惩罚与挫折，则会由于丧失信心而抑制好奇心和求知欲的激发。二是创造条件，引导学生积极参加创造性活动。教师要全面了解学生，掌握学生智力的开发规律，同时又要深入研究体育教材，挖掘教材的科学性，让学生主动参与创造性学习活动。在活动中，教师要注意培养体育骨干，依靠积极分子，并注意轮流吸收一部分学生参加体育竞赛活动的组织、编排、裁判及场地布置工作，有意识地培养学生的社会活动能力和组织才能及创造力。三是善于发现和正确对待有创造潜力的学生。研究和实践证明创造力较强的学生大多具有的特征是顽皮和不受约束，所作所为不太符合常规，在体育活动中往往有嬉戏的态度。其实学生"另辟蹊径"的行为，很可能含有创新因素，教师应积极引导，发掘其内在积极因素，培养其创新能力。

（三）"体育与健康＋智育"在体育课堂教学中的实践解析

水平	学习主题	说明
水平一	与语文的融合	如大课间把唱歌、朗诵放在进退场环节，同学们伴着音乐的节奏一边踏步一边大声地和着唐诗、宋词等，既能培养学生积极、健康向上的精神，又提高了学生的国学素养。将国学与体育进行整合，将古诗词编成《古诗韵律操》，然后配以动作。既复习了古诗，进一步理解了诗中的意境，加强了学生的人文素养，同时学生在边唱边跳的过程中，更能达到健身的目的
水平二	与数学的融合	如学生在投掷垒球时，通常都掌握不好出手的角度以及速度，这时教师为凸显"速度"这一关键点可以引导他们回顾数学课堂上讲的知识，回顾速度对路程的影响，让学生在规范动作的过程中结合数学知识进行思考和实践，从而轻松掌握整个投球的动作要领。又如在教学前滚翻时，从学生练习的角度来看，他们最不容易掌握的就是如何团身，教师通过结合数学课堂上圆的知识来讲解这节课的内容，学生很快就明白了圆形比较容易滚动，这样学生有了理论知识的领悟，就会在练习前滚翻时尽量将身体缩成一个圆形，如此便达到了事半功倍的训练效果

水平	学习主题	说明
水平三	与科学的融合	在上肢力量练习时，教师可引导学生结合对人体的认识，更为准确地分析上肢力量的形成肌肉力量群。如引体向上时参与做功的肌肉群，以便学生在练习过程中更清晰地感知身体肌肉反应，为接下来自主练习提供验证支撑。再如在"营养"知识教授过程中，教师可提前布置自主探究任务，让学生自己查阅人体所需营养素的资料，了解不同营养素的特点，并利用科学知识探索营养素的食物来源。这些项目任务的设计对学生了解营养知识、培养自主探索、综合思维能力有着积极作用
水平四	与物理的融合	物理教学中经常结合体育运动现象帮学生理解，如对力的认识、运动中惯性的作用和能量的转化等。体育教学中不少技术要领，如跳远时助跑的初速度、腾空的高度决定跳远的远度，篮球课中投篮，篮球运行的轨迹等，都可以从物理学角度理解。如能综合分析利用，势必起到相辅相成的功效。在体育技术教学中，包含着许多物理学知识。为了使学生更清楚地了解动作原理，更牢固地掌握动作技术，这就要求体育教师在教学中要了解不同项目中的物理学知识，并在教学实践中，根据不同项目运用物理学知识进行分析讲解，真正做到体育教学与物理学科的协同教学
水平五	与地理的融合	地理学科中所涉及的部分知识就发生在学生的身边。如能以远足的形式，带同学们走进大自然，在学习相关学科知识的同时，学生也得到锻炼，更能培养学生坚强的意志。同时也可结合地理中的识图能力，进行体能、技能的双重锻炼，如定向运动

第三节 "体育与健康＋心理健康教育"

一、心理健康教育概述

（一）心理的定义

心理的定义是指研究人类的思维、情感、行为和心理过程的科学领域。心理学研究人类的认知、情感、动机、个性、行为以及与环境的相互作用。它涉及对人类心理过程的观察、实验、量化和分析，以了解人类的心理状态、行为模式和心理健康。心理学研究的范围包括认知心理学、发展心理学、社会心理

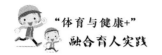
学、临床心理学等多个子领域。

（二）心理健康教育的定义

心理健康教育是指通过教育手段和方法，帮助个体了解、认识和调节自己的心理状态和行为，提高个体的心理素质和心理健康水平的一种教育形式。它旨在培养个体的自我意识、情绪管理、人际交往、解决问题和适应压力等心理能力，使个体能够更好地应对生活中的挑战和困境，提升自身的幸福感和生活质量。心理教育的目标是促进个体的全面发展和健康成长，提高个体的心理适应能力和生活技能，预防和减少心理问题的发生，促进社会的和谐稳定。

（三）心理健康教育的功能

（1）促进和维护学生心理健康。学校心理健康教育是运用现代心理科学的成果，针对学生心理发展中出现的问题，采取有效的干预措施（咨询辅导、心理训练等），消除学生的心理障碍或矛盾，使其处于心态平和、情绪稳定、思维灵活、爱憎分明、举止适度的这样一种有利于正常成长的态势中，成为一个心理健康的人。

（2）开发智力，促进能力发展。现代心理学的研究表明，儿童青少年时期是人生心理素质形成的关键期，且可塑性大，及时给予心理指导或训练，有利于开发其智慧潜能，形成正常甚至超常的智能。

（3）提高德行修养，培养良好品德。把心理健康教育仅仅看作德育的途径是不恰当的，把学生心理问题当成道德问题更是常识性错误，但心理健康教育对学生良好品德形成的促进作用是不容忽视的。个体良好品德的形成不但与学生的理想、信念有密切关系而且与其社会道德认识、情感、态度和行为评价等心理因素紧密联系。心理健康教育从学生具体心理需要入手，强调针对性、主体性和自我内化体验等思路和方法可以迁移到品德教育之中，能提高学校德育的效果，有利于学生良好品德的形成。

（4）培养学生主体性，形成完善人格。学校心理健康教育坚持以人为本，强调尊重、理解、信任学生，使学生感受到自身的存在与价值、优点与短缺、现实与未来，能更有针对性地确定人生目标，选择自己的成才道路，找准自己的位置，在学会处理与社会、他人的关系中，使人格得到升华和完善。

（5）养成良好行为习惯，提高社会适应能力。心理和行为是不可分的，良好的行为习惯总是受良好心理素质的支配，同时良好行为习惯又可内化积淀为一定的心理素质。人的心理素质一旦形成，在相应情境中会产生条件性反应，进而表现为一定的适应能力。心理健康教育可以根据学生行为中的问题采取科学有效的心理咨询、辅导或训练等方式，提高学生相应的社会适应能力。

（四）心理健康教育的任务及内容

1. 心理健康教育的任务

心理健康教育的总任务是：提高全体学生的心理素质，充分开发他们的潜能，培养学生乐观、向上的心理品质，促进学生人格的健全发展。

心理健康教育的具体任务是：使学生不断正确认识自我，增强调控自我、承受挫折、适应环境的能力；培养学生健全的人格和良好的个性心理品质；对少数有心理困扰或心理障碍的学生，给予科学有效的心理咨询和辅导，使他们尽快摆脱障碍，调节自我，提高心理健康水平，增强自我教育能力。

心理健康教育在学校素质教育中应扮演什么角色、发挥什么作用，目前尚不明确。素质教育的根本目标是培养学生的良好素质，生理素质主要取决于先天遗传和后天生长发育的条件，科学文化素质主要靠学校文化科学教育（智育），思想道德素质的培养主要是学校德育和社会教化的任务。而心理素质需要通过什么途径来提高呢？这是传统教育中没有回答的问题。学校长期以来一直忽视心理素质在学生素质发展中的作用。随着素质教育的深入实施，人们开始认识到心理素质在学生整体素质中的重要作用，当前学生心理素质培养的重要途径之一就是心理健康教育，而它的基本目标就是培养学生良好的心理素质。

要培养学生良好的心理素质，教育者应首先弄清什么是心理素质，学生应具备哪些心理素质。要弄清心理素质的含义，首先得弄清素质概念。现在研究者对素质概念的认识不再囿于某一学科范畴，素质概念的内涵和外延在不断扩大。一般认为，素质既包括先天遗传特征又包括后天习得的素养，是指有机体在先天生理基础上，通过环境和教育的作用逐渐发育和成熟，并通过认识活动和实践活动而形成或内化为个体相对稳定的、基本的、衍生的和具有发展潜在性的品质。这种品质具有基本性、相对稳定性、结构整合性、功能衍生性和发展潜在性等基本特征。个体的良好素质不但应具备素质的基本特征，而且各种素质之间应整合成一个完整的功能系统。在人的素质结构中，心理素质居于科学文化素质和思想道德之间，它既制约这两种素质的形成，又反映这两种素质的发展水平，起到了中介的作用。

我们将心理素质的基本含义概括为：心理素质是以个体的生理条件和已有

知识经验为基础，将外在获得的刺激内化成稳定的、基本的、衍生的并与人的适应行为和创造行为密切联系的心理品质。这个表述体现了心理素质形成的生理、心理和外部条件，概括了心理素质的稳定性、基本性、衍生性和整合性等基本特征，表明了心理素质是一个复杂、同构的自组织系统。心理素质这个自组织系统是由哪些维度构成的呢？我们将学生的心理素质归纳为认知因素、个性因素和适应性因素三个维度，具体划分为22种成分。在心理素质结构中，各维度的作用是不同的。认知维度是人对客观事物的反映活动，直接参与对客观事物认知的具体操作，是心理素质最基本的成分，包括一般认知和元认知两个亚维度。个性维度是指人在对待客观事物的活动中的个性心理表现，虽不直接参与对客观事物认知的具体操作，但具有动力和调节机能，是心理素质结构中的动力成分。适应性维度是指个体在社会化过程中，改变自身或环境，使自身与环境和谐协调的能力。它是认知因素和个性因素在个体适应—发展—创造行为中的综合反映，是个体生存和发展的必要心理素质之一。

总之，青少年的心理健康是指具有正常的智力、完善的人格、和谐的人际关系，能积极适应学习、生活、交往和环境，能主动寻求、探索自我发展途径和拓创新的能力，即心理素质健全。

2. 心理健康教育的内容

心理健康教育的主要内容包括：普及心理健康基本知识，树立心理健康意识，了解简单的心理调节方法，认识心理异常现象，以及初步掌握心理保健常识，其重点是学会学习、人际交往、升学择业以及生活和社会适应等方面的常识。

城镇中小学和农村中小学的心理健康教育，必须从不同地区的实际和学生身心发展特点出发，做到循序渐进，设置分阶段的具体教育内容。

心理健康教育的具体内容包括以下方面。

（1）情绪管理：教授个体如何识别和理解自己的情绪，以及如何有效地处理和表达情绪，以避免情绪问题的产生。

（2）自我意识：帮助个体认识自己的价值观、兴趣和能力，了解自己的优点和不足，以及如何与他人建立积极的关系。

（3）压力管理：教授个体如何应对生活中的压力和挑战，以及如何调整心态和采取积极的应对策略。

（4）解决问题的能力：培养个体分析和解决问题的能力，包括制定目标、制订计划、寻找解决方案、评估结果等。

（5）自我调节：教授个体如何自我调节行为和情绪，以达到更好地自我控制和自我管理。

（6）沟通技巧：培养个体良好的沟通能力，包括倾听、表达自己的观点、解决冲突等。

（7）社交技巧：教授个体如何与他人建立良好的关系，包括友谊、合作、团队合作等。

（8）心理健康知识：向个体传授有关心理健康的知识，包括心理疾病的预防和治疗、心理健康的维护等。

通过心理教育，个体能够更好地了解自己，掌握情绪管理和问题解决的技巧，提高自我意识和自我调节能力，促进个人成长和心理健康。

二、"体育与健康＋心理健康"的理解

（一）中小学心理健康教育指导纲要

良好的心理素质是人的全面素质中的重要组成部分。心理健康教育是提高中小学生心理素质的教育，是实施素质教育的重要内容。中小学生正处在身心发展的重要时期，随着生理、心理的发育和发展、社会阅历的扩展及思维方式的变化，特别是面对社会竞争的压力，他们在学习、生活、人际交往、升学就业和自我意识等方面，会遇到各种各样的心理困惑或问题。因此，在中小学开展心理健康教育，是学生健康成长的需要，是推进素质教育的必然要求。

1. 心理健康教育的指导思想和基本原则

开展中小学心理健康教育工作，必须坚持以马列主义、毛泽东思想、邓小平理论、"三个代表"重要思想为指导，贯彻党的教育方针，坚持育人为本，根据中小学生生理、心理发展特点和规律，运用心理健康教育的理论和方法，培养中小学生良好的心理素质，促进他们身心全面和谐发展。

开展中小学心理健康教育，要立足教育，重在指导，遵循学生身心发展规律，保证心理健康教育的实践性与实效性。为此，必须坚持以下基本原则：根据学生心理发展特点和身心发展规律，有针对性地实施教育；面向全体学生，通过普遍开展教育活动，使学生对心理健康教育有积极的认识，使心理素质逐步得到提高；关注个别差异，根据不同学生的不同需要开展多种形式的教育和辅导，提高他们的心理健康水平；尊重学生，以学生为主体，充分启发和调动

学生的积极性；积极做到心理健康教育的科学性与针对性相结合；面向全体学生与关注个别差异相结合；尊重、理解与真诚同感相结合；预防、矫治和发展相结合；教师的科学辅导与学生的主动参与相结合；助人与自助相结合。

2. 心理健康教育的途径和方法

开展心理健康教育的途径和方法可以多种多样，不同学校应根据自身的实际情况灵活选择、使用，注意发挥各种方式和途径的综合作用，增强心理健康教育的效果。心理健康教育的形式在小学可以以游戏和活动为主，营造乐学、合群的良好氛围；初中以活动和体验为主，在做好心理品质教育的同时，要突出品格修养的教育；高中以体验和调适为主，并提倡课内与课外、教育与指导、咨询与服务的紧密配合。

（1）开设心理健康选修课、活动课或专题讲座，包括心理训练、问题辨析、情境设计、角色扮演、游戏辅导和心理知识讲座等，旨在普及心理健康科学常识，帮助学生掌握一般的心理保健知识，培养良好的心理素质。同时要注意防止心理健康教育学科化的倾向。

（2）个别咨询与辅导。开设心理咨询室（或心理辅导室）进行个别辅导是教师和学生通过一对一的沟通方式，对学生在学习和生活中出现的问题给予直接的指导，排解心理困扰，并对有关的心理行为问题进行诊断、矫治的有效途径。对于极个别有严重心理疾病的学生，能够及时识别并转介到医学心理诊治部门。

（3）要把心理健康教育贯穿在学校教育教学活动之中。要创设符合心理健康教育所要求的物质环境、人际环境、心理环境。寻找心理健康教育的契机，注重发挥教师在教育教学中人格魅力和为人师表的作用，建立起民主、平等、相互尊重的新型师生关系。班级、团队活动和班主任工作要渗透心理健康教育。

（4）积极开通学校与家庭同步实施心理健康教育的渠道。学校要指导家长转变教子观念，了解和掌握心理健康教育的方法，注重自身良好心理素质的养成，营造家庭心理健康教育的环境，以家长的理想、追求、品格和行为影响孩子。

3. 心理健康教育的组织实施

加强对中小学心理健康教育工作的领导和管理。心理健康教育工作是学校教育工作的重要组成部分，各级教育行政部门和学校，要切实加强对心理健康教育工作的领导，积极支持开展中小学心理健康教育工作，帮助解决工作中的困难和问题。要通过多种途径和方式，根据本地、本校教育教学实际，保证心理健康教育时间，课时可在地方课程或学校课程时间中安排。各地教育行政部门要把心理健康教育工作纳入对学校督导评估之中，加强对教师和咨询人员的管理，建立相应的规章制度。

加强师资队伍建设是搞好心理健康教育工作的关键。学校要逐步建立在校长领导下，以班主任和专兼职心理辅导教师为骨干，全体教师共同参与的心理健康教育工作体制。专职人员的编制可从学校总编制中统筹解决。统筹安排中小学专职心理辅导教师专业技术职务评聘工作。根据学校实际情况，可聘请一定数量的兼职教师或心理咨询人员。

要重视教师心理健康教育工作。各级教育行政部门和学校要把教师心理健康教育作为教师职业道德教育的一个方面，为教师学习心理健康教育知识提供必要的条件。要关心教师的工作、学习和生活，从实际出发，采取切实可行的措施，减轻教师的精神紧张和心理压力，使他们学会心理调适，增强应对能力，有效地提高心理健康水平。

要积极开展心理健康教育的教师培训。各级教育行政部门要积极组织对从事心理健康教育教师的专业培训，把对心理健康教育教师的培训列入当地和学校师资培训计划以及在职教师继续教育的培训系列。培训包括理论知识学习、操作技能训练、案例分析和实践锻炼等内容。通过培训提高专职、兼职心理健康教育教师的基本理论、专业知识和操作技能水平。

加强心理健康教育的教研活动和课题研究。学校在进行心理健康教育时，要从学生实际出发，强调集体备课，统一做好安排。要以学生成长过程中遇到的各种问题和需要为主线，通过教研活动，明确心理健康教育的重点、难点，掌握科学的教育方法，提高心理健康教育的质量。坚持理论与实践相结合，通过带课题培训与合作研究等方式，推广优秀科研成果。

各地在组织实施过程中，要注意心理健康教育与德育工作的密切联系，既不能用德育工作来代替心理健康教育，也不能以心理健康教育取代德育工作。不能把学生的心理问题简单归结为思想品德问题。同时，各地应根据中央和教育部的文件精神，对此项工作统一规范称为"心理健康教育"。

心理咨询是一项科学性、专业性很强的工作，也是心理健康教育的一条重要渠道。大中城市具备条件的中小学校要逐步建立和完善心理咨询室（或心理辅导室），配置专职人员。对心理咨询或辅导人员要提出明确要求。严格遵循保密原则，谨慎使用心理测试量表或其他测试手段，不能强迫学生接受心理测

试，禁止使用影响学生心理健康的仪器，如测谎仪、CT 脑电仪等。

各地教育行政部门和学校既要积极创造条件，又要从实际出发，有计划、有步骤地开展心理健康教育工作。既要充分利用社会心理健康教育的资源，又要注意防止心理健康教育医学化和学科化的倾向。不能把心理健康教育搞成心理学知识的传授和心理学理论的教育，也不能把心理健康教育看成中小学各学科课程的综合或思想品德课的重复，更不许考试。

加强心理健康教育的课题研究与科学管理，特别要注重心理健康教育与德育、与人的全面发展关系的研究。各级教育行政部门对此项工作要给予大力指导，积极支持科研部门广泛开展科学研究活动，保证心理健康教育工作科学、健康地发展。

（二）心理健康教育与体育学科课程的内在关联

体育学科与心理健康之间存在着密切的关联。体育运动对于身体健康有着明显的积极影响，同时也对心理健康起到重要的促进作用。

首先，体育运动对身体健康有着直接的影响。通过参与体育运动，可以增强肌肉力量、改善心血管功能、增强心肺功能等，从而提高身体的抵抗力和免疫力，预防和控制慢性疾病的发生。此外，体育运动还可以帮助控制体重、改善体态，提高身体的柔韧性和协调性，增强骨骼密度，预防骨质疏松等。

其次，体育运动对心理健康的促进也是不可忽视的。体育运动可以促进大脑内多巴胺、内啡肽、血清素等神经递质的分泌，改善情绪、缓解压力、减轻焦虑和抑郁等心理问题。此外，体育运动还可以提高自尊心和自信心，培养毅力和坚持不懈的精神，增强社交能力和团队合作意识，提高生活质量和幸福感。

然而，也需要注意的是，过度的体育运动可能会对心理健康产生负面影响。如过度训练可能导致身体疲劳和过度压力，引发焦虑和抑郁症状。因此，在进行体育运动时，需要根据个人的身体状况和心理状态进行合理地安排和控制。

综上所述，体育与健康和心理之间存在着密切的关联。通过适当的体育运动，可以提高身体健康水平，促进心理健康的发展，从而达到全面健康的目标。

三、"体育与健康＋心理健康"的实施路径

（一）"体育与健康＋心理健康"的实施策略

在体育课程中，学生的身体素质和心理素质同等重要，而心理素质的提高可以让学生在体育活动中更加自信、坚韧、勇敢，从而取得更好的成绩。下面是一些有助于学生提高体育活动中心理素质的实施策略。

1. 建立正确的心理态度

让学生明确体育活动的目的和意义，不仅仅是为了取得好成绩，更重要的是锻炼身体、增强体质、提高身体素质。同时，也要让学生明白体育活动是一项自我挑战的过程，只有克服困难和挫折，才能取得成功。这样，学生就能够树立正确的心理态度，积极面对体育活动中的各种挑战和困难。

2. 培养自信心

自信心是体育活动中非常重要的心理素质，可以让学生在比赛中更加从容自信。为了培养学生的自信心，教师可以通过多次训练，让学生逐渐掌握技能和规律，从而增强自信心。同时，还可以让学生参加一些小型比赛，让他们感受到成功的喜悦和自信带来的力量，从而强化自信心。

3. 锻炼耐力和毅力

耐力和毅力是体育活动中必不可少的心理素质，可以让学生坚持不懈地进行训练和比赛。为了锻炼学生的耐力和毅力，教师可以通过增加训练强度和时间，让学生逐渐适应高强度的训练。同时，还可以让学生参加一些长跑、力量等需要耐力和毅力的项目，让他们感受到坚持不懈所蕴含的力量。

4. 培养团队协作意识

团队协作意识是体育活动中重要组成部分，可以让学生在比赛中更加默契、配合。为了培养学生的团队协作意识，教师可以让学生参加一些分组合作或比赛，让他们学会与他人合作、分工合作、互相帮助，从而培养团队协作意识。

5. 鼓励学生自我激励

自我激励可以让学生在体育比赛中更加积极、主动。为了鼓励学生自我激励，教师可以通过表扬、奖励等方式，让学生感受到自我激励的力量。同时，还可以让学生自己设定目标，并制订计划，从而增强自我激励的能力。

综上所述，通过正确的心理态度、自信心、耐力和毅力、团队协作意识和自我激励等方面的培养，可以让学生在体育课程中提高体育强大心理素质，从而更加自信、坚韧、勇敢地参与体育活动。

（二）"体育与健康＋心理健康"的实施路径

1. 营造浓厚的体育教学环境

一般来说，体育教学环境有两种表现。第一种是心理环境表现；第二种是物理环境表现。在一个卫生、清洁、安全的体育环境之中，学生的身体、心理都会更加健康、茁壮成长。在心理环境宽松、和谐氛围中，学生就会形成一种积极向上的心态。因此，作为教师，要给学生创造更加优越的物理和心理环境。在物理环境方面，可以为学生创造更加清洁的体育活动场所。如操场上，可以进行亮化、美化，可以铺设草坪等，在周围种植一些花草、树木，让学生一看到体育场所，心里就非常喜欢，就很自然地投入进去。还可以刷写标语，宣传体育精神，让学生看到标语后，信心满满，受到鼓舞，使学生的心理变得更加强大。而在心理环境方面，教师要善于同学融入一起，和学生一起参与，走进学生。比如，在一些体育活动中，教师以学生的身份参与进来，和同学一起活动和游戏，让学生积极和教师交流，打开心扉，诉说生活中所遇到的困难和挫折。

2. 挖掘体育项目教育素材，培养学生的健康心理

体育运动在悠久的发展历史中积攒了深厚的文化底蕴，体育丰富的文化内容为小学体育教育中渗透心理健康教育提供了大量的教育素材。每一项体育运动都包含一种独特的文化符号，当我们长期致力于某一项运动之中，就会受到这种文化的影响，并在我们言语、动作、行为中展现出来。如长跑运动员会表现出一种坚韧、坚持的品质，啦啦操运动员会展现出张扬、活力、积极向上的气质，武术运动员举手投足总会展现出大气、沉稳的气质，这些都是项目文化对人影响的表现。同样，当学生在接受某一运动项目训练时，会潜移默化地受

到这一项目文化的影响，并将这种影响迁移到生活中。因此，在体育教学中，要充分挖掘体育项目中的心理健康教育素材，并在教育过程中选择合适的时机，将项目中包含的心理健康内容渗透到教学过程中，促进学生心理健康发展。

3. 培养学生的自信心

学生群体的个人素质、体育能力会十分不均衡，具体情况会因人而异。存在一种不良心理现象：知识不扎实的学生会产生害怕心理，担心同学嘲笑，不参加运动。为了应对这种现象，教师必须首先让学生肯定自己，让自己保持自信，不要轻易否认自己。首先，因材施教，教师应对其减少锻炼的难度，可以对这类学生进行单独训练，让他们按照成功的案例去模仿学习，从而获得学习的快乐和自信。其次，有必要为教师和学生创造一个和谐而轻松的环境。互相尊重、互相帮助，以确保每个学生心理都能保持积极向上。最后，可以使用奖励机制，通过提供完整的陈述和有关学生进步程度的及时表扬提高学生的信心。

4. 建立健康的人际关系，使学生善于合作

人际关系是影响学生心理健康的重要因素，大多数学生并不擅长与他人合作，也缺乏与同伴正确交往的方式方法。但接受他们，学会合作乃是健康心理的表现。所以，在体育教学中融入心理健康教育就是要帮助学生建立起健康的人际关系，让学生学会与人交往和合作。为此，小组合作学习就是最佳模式。例如，在小学体育教学的快跑训练中，采用小组合作学习法，把学生均分为8人一个小组，每一个小组成员完成30 m短跑，跑至终点时在展示板上写上一个字，最后一名成员将前面几位成员的字组成一句话，看一看哪一个小组用时最少，完成的句子最完整有创意。在这个活动中，枯燥的跑步训练有趣起来，让学生真正在活动中动起来，开心起来，激烈的竞争也让学生意识到合作的重要性。又如，在足球教学中，为了脚内侧踢球技能指导同样可以运用小组合作学习模式，首先合理分组，引导各个小组自主观看技术图片；然后组内分析讨论脚内侧踢球不稳定的原因，探讨纠错的方法；最后小组互相分享交流各组的意见。在这样的学习活动中，最大限度地调动了学生的学习欲望，让学生主动去接受他人，也认可自己，充分发挥了全体成员的智慧，培养学生谦逊诚挚的品质。

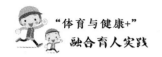

总之，在体育课中，渗透心理健康教育，能够让学生的思想认识更加正确，让他们对生活、学习中遇到的困难和挫折，积极面对，勇敢化解。只有不断渗透心理健康教育，才能让他们的人生变得更加有价值，成为一个全面发展的人。在学生的成长中，要善于抓住学生心理进行培养，让学生在复杂的环境之中，勇于面对挫折，真诚面对同学，献出真心，让同学之间关系变得更加融洽，让整个社会变得更加和谐。

（三）"体育与健康＋心理教育"在体育课堂教学中的实践解析

水平	学习主题	说明
水平一	健康小标兵	注重培养学生的基本运动技能和兴趣，如跑步、跳绳、球类运动等。通过游戏和简单的训练，培养学生对体育的热爱和参与意识；学生在技术动作的学习过程当中培养学生不怕困难，迎难而上的能力
水平二	黄金三人组	进一步提高学生的技能水平。增加一些技术要求较高的项目，如篮球、足球、乒乓球等。培养学生的团队合作精神和竞争意识，通过比赛和训练提高技能水平，体会团队合作和互助友爱的精神；组织合作游戏和团队项目，让学生体验到团队合作的重要性，培养他们的互助友爱精神
水平三	我是小队长	强化学生的综合运动能力和素质培养。引入更多的项目，如田径、游泳、体操等，通过系统的训练和比赛，提高学生的技能水平和身体素质，组织学生担任队长或领队，培养他们的领导才能和团队管理能力，让他们在体育活动中展现自己的能力和责任感
水平四	比比谁更快	注重培养学生的体育素养和身体素质。加强体能训练，培养学生的耐力、速度、力量等方面的能力，继续进行团队项目的训练和比赛，同时注重培养他们的竞技意识。组织学生参与团队比赛和竞技活动，培养他们的团队合作精神和竞争意识，让他们感受到团队合作和个人努力的重要性
水平五	奥运精神	注重培养学生的专业化技能和竞技水平。加强对特定项目的训练，如田径、游泳、羽毛球等。通过专业的训练和参加高水平比赛，提高学生的竞技水平和综合素质，注重培养学生的体育公平意识，教育学生要遵守比赛规则，尊重对手，不以赢为目的而忽视公平

第四节 "体育与健康＋劳动教育"

当今社会的不断发展，教育事业的不断创新，人们对中小学体育健康及劳动教育也越来越关注。《关于全面加强新时代大中小学劳动教育的意见》中明确提出"五育"的融合，实现学科课程与劳动教育的融合。体育健康课程和劳动教育有着紧密的联系，体育健康与劳动教育融合具有深厚的理论基础。体育健康和劳动教育融合有助于提升体育教育的实践性以及增加劳动教育的趣味性，促进学生的全面发展。

一、劳动教育概述

习近平总书记在全国教育大会上明确提出要在学生中弘扬劳动精神，教育引导学生崇尚劳动、尊重劳动，懂得劳动是最光荣、最崇高、最伟大、最美丽的道理。劳动教育是国民教育体系的重要内容，是学生成长的必要途径，具有树德、增智、强体、育美的综合育人价值。实施劳动教育重点是在系统学习文化知识外，有目的、有计划地组织学生参加日常生活劳动、生产劳动和服务性劳动，注重丰富职业体验，使学生熟练掌握一定劳动技能，理解劳动创造价值的道理，从而培养劳动自立意识和主动服务他人、服务社会的情怀。切实加强劳动教育，培养学生劳动技能、磨炼学生意志品质、激发学生的创造力、促进学生身心健康和全面发展。

（一）劳动教育的定义

劳动教育是学生德、智、体、美、劳全面发展的主要内容之一，是中国特色社会主义教育制度的重要内容。使学生树立正确的劳动观点和劳动态度，热爱劳动和劳动人民，养成劳动习惯的教育，能直接决定着学生的劳动精神面貌、劳动价值取向和劳动技能水平。

（二）劳动教育的功能

1. 建立劳动观念

劳动观念是指在劳动实践中逐渐形成的，对劳动、劳动者、劳动成果等方

面的认知和总体看法，以及在此基础上形成的基本态度和情感。主要表现为：学生能尊重劳动，尊重普通劳动者，了解不同职业劳动者的辛苦与快乐，理解三百六十行，行行出状元的道理；能正确理解劳动对于个人生活、家庭幸福、社会进步、国家富强和人类发展的意义，懂得劳动创造人、劳动创造财富、劳动创造美好生活的道理；能崇尚劳动，牢固树立劳动最光荣、劳动最崇高、劳动最伟大、劳动最美丽的观念。

2. 提升劳动能力

劳动能力是指顺利完成与个体年龄及生理特点相适宜的劳动任务所需的胜任力，是个体的劳动知识、技能、行为方式等在劳动实践中的综合表现。主要表现为：学生具备基本的劳动知识和技能，能正确使用常用的劳动工具；能在劳动实践中增强体力，提高智力和创造力，具备完成一定劳动任务所需要的设计能力、操作能力及团队合作能力。

3. 养成劳动习惯

劳动习惯和品质是指通过经常性劳动实践形成的稳定行为倾向和品格特征。主要表现为：学生具有安全劳动、规范劳动、有始有终等行为习惯；养成自觉自愿、认真负责、诚实守信、吃苦耐劳、团结合作、珍惜劳动成果等品质。

4. 弘扬劳动精神

劳动精神是指在劳动观念、劳动能力、劳动习惯和品质的培养过程中形成和发展的，在劳动实践中秉持的关于劳动的信念、信仰和人格特质。主要表现为：学生能领会"劳动是一切幸福的源泉""幸福是奋斗出来的"的内涵与意义；继承中华民族勤俭节约、敬业奉献的优良传统；弘扬开拓创新、砥砺奋进的时代精神；感知爱岗敬业、甘于奉献的劳模精神；培养百折不挠、艰苦奋斗的革命精神，以及精益求精、追求卓越的工匠精神。

（三）劳动教育的任务与内容

（1）树立学生正确的劳动观点，使他们懂得劳动的伟大意义。了解人类的历史首先是生产发展的历史，是劳动人民创造的历史；懂得辛勤的劳动是建设社会的根本保证；劳动是公民的神圣义务和权利；懂得轻视体力劳动和体力劳动者，是数千年来剥削阶级思想残余；懂得把脑力劳动同体力劳动相结合的重要意义。

（2）培养学生热爱劳动和劳动人民的情感。养成劳动的习惯，形成以劳动为荣，以懒惰为耻的品质。抵制好逸恶劳、贪图享受、不劳而获、奢侈浪费等恶习的影响。

（3）学习是学生的主要劳动，教育学生从小勤奋学习，将来担负起艰巨的建设任务。并教育学生正确对待升学、就业和分配。

（4）劳动教育还要通过生产劳动和公益劳动等来实施。学生在校期间，要按照教学计划的规定，适当参加劳动。

二、"体育与健康＋劳动教育"的理解

（一）劳动教育的政策指向

党的十八大以来，党和政府高度重视青少年劳动教育问题，习近平总书记在庆祝"五一"国际劳动节暨表彰全国劳动模范和先进工作者大会、全国教育大会等多个场合，就劳动教育发表过一系列重要论述，为新时代全面加强劳动教育提供了根本遵循和行动指南。2020 年 7 月，教育部印发《大中小学劳动教育指导纲要（试行）》指导纲要，进一步细化劳动教育目标、内容、实施途径等方面的要求，加强对劳动教育的专业指导。2022 年 4 月，教育部颁布《义务教育劳动课程标准（2022 年版）》，将劳动教育课程从综合实践活动课程中独立出来，对劳动教育课程的性质、理念、目标、内容、实施等作出系统规定。从意见到指导纲要再到新课程标准的层层推进，展现了新时代劳动教育课程改革的基本政策导向，在政策目标、政策理念、政策举措等方面都呈现鲜明的时代特征和变革。

政策目标指向"立德树人""培养什么人"是教育的首要问题，这也是教育政策设计需要回答的关键问题。自新中国成立以来，党和国家领导人高度重视劳动和劳动教育问题，但是在不同的历史阶段，国家对劳动教育的定位不同，政策目标也呈现阶段性特征。1957 年，毛泽东同志指出："我们的教育方针，应该使受教育者在德育、智育、体育几方面都得到发展，成为社会主义有觉悟的有文化的劳动者。""培养劳动者"成为新中国教育的总体目标。1978 年，邓小平同志在全国教育工作会议上进一步强调："我们的学校是为社会主义建设培养人才的地方。培养人才有没有质量标准呢？有的。这就是毛泽东同志说的，应该使受教育者在德育、智育、体育几方面都得到发展，成为有社会主义觉悟的有文化的劳动者。"这一讲话再次明确了"培养劳动者"的教育目标。2018 年，习近平总书记在全国教育大会上指出"要努力构建德、智、体、

美、劳全面培养的教育体系"，将劳动教育作为全面培养教育体系的必要组成部分，注重挖掘劳动在树德、增智、强体、育美等方面的价值。从通过德育、智育、体育培养劳动者，到通过德、智、体、美、劳五育并举来落实立德树人根本任务、培育社会主义建设者和接班人，劳动教育的性质和定位发生了转变，标志着我国劳动教育课程实现了从工具性价值向存在性价值的转化。在构建五育并举的新教育体系方面，德育、智育、体育、美育、劳动教育五个方面的课程紧密联结、相辅相成、相互促进，在确定的同一时空里，向着立德树人这一共同目标和谐迈进。

政策理念凸显"素养导向"培育劳动素养是劳动课程育人价值的集中体现，是新时代劳动教育政策倡导的核心理念。意见明确要求"将劳动素养纳入学生综合素质评价体系，制定评价标准""把劳动素养评价结果作为衡量学生全面发展情况的重要内容"。指导纲要将正确的劳动观念、必备的劳动能力、积极的劳动精神和良好的劳动习惯和品质作为新时代劳动教育的总体目标，确立了劳动素养的基本结构框架。在此基础上，新课程标准从劳动课程的育人功能出发，结合劳动素养的结构特征和学生身心发展要求，将劳动观念、劳动能力、劳动习惯和品质、劳动精神确定为劳动素养的四个方面，阐述了各学段学生的劳动素养要求。其中，劳动观念强调培育学生对劳动、劳动者、劳动成果等方面的基本态度和情感；劳动能力强调培养学生顺利完成与个体年龄及生理特点相适宜的劳动任务所需要的劳动知识和技能；劳动习惯和品质强调通过经常性的劳动实践，帮助学生形成积极的行为倾向和品格特征；劳动精神强调培养学生在劳动实践中所秉持的信念信仰和人格特质。劳动素养的四个方面相辅相成，是一个有机整体。

政策举措注重"整体协同"新时代劳动教育政策强化课程实施的一体化设计，促进学科间横向联系和学段间纵向衔接，推动形成五育并举的全方位育人格局。一是整体性设计劳动教育课程目标。意见强调劳动教育要贯通大中小学各学段，整体优化学校课程设置。指导纲要提出小学低年级、小学中高年级、初中、普通高中、职业院校、普通高等学校的劳动教育课程目标与要求。新课程标准基于1～2年级、3～4年级、5～6年级、7～9年级四个学段的课程目标，建构了各学段有机衔接的义务教育劳动课程体系。二是一体化确定劳动教育课程内容。新时代劳动教育遵循马克思关于生产劳动和非生产劳动的划分原则，将教育内容分为生产劳动教育和非生产劳动教育。考虑到各学段教育内容的针对性和可行性，又将非生产劳动教育分为日常生活劳动教育和服务性劳动教育，并要求各学段围绕三类劳动教育内容，构建结构清晰、内容开放的课程结构。总体来看，三类教育内容的分布情况可以根据学段安排，但各方面内容都要涵盖。三是协同式推进劳动教育课程实施。新时代劳动教育倡导丰富多样的实践方式，如独立开设劳动教育必修课、设立劳动周、在学科专业中有机渗透劳动教育、在课外及校外活动中安排劳动实践等，主张通过家庭、学校、社会协同发力，推进劳动教育课程实施。

（二）体育与健康和劳动教育的关联

1. 劳动创造了人，也产生了体育运动

从古至今劳动都是人类生存的重要手段，是人类发展体能的重要源泉，劳动不仅创造了财富，还创造了知识，同时也创造了人类生存的环境。在原始社会，人类赖以生存的关键就是物质因素，人类如果想要获得更多的物质因素，他们必须去狩猎，在狩猎的过程当中发展了他们的速度、耐力以及力量等全方面的身体素质。于是，人类开始了有意识地发展跑、跳、投掷、攀登等和劳动生存直接相关的体育技能，从而也就形成了最初的体育运动方式。因此可以说，劳动不仅创造了人本身，同样也产生了体育运动，促进了体育的发展。

2. 体育运动的价值

在平时多增加体育运动，可以提高人的身体素质，促进人身体各个器官的发展，提高人的身体机能。对于学生来说，加强学生的体育锻炼，可以提高学生的身体素质，使得学生有更好的精力去进行学习，从而间接地提高学生的学习效率。从社会主义角度出发，体育虽然不能够直接参加物质生产，但是劳动者因为接受了良好的体育运动锻炼，从而提高了自己的身体机能，有更充沛的体力去工作，从而提高劳动的生产率。随着人们生活质量的不断提高，人们越来越追求安逸的生活，很少去参加体育锻炼，从而就导致了人们的身体机能下降而产生了各种疾病问题。通过开展全民健身的活动，可以将体育知识渗入每一个家庭当中，让人们积极地去参加体育运动锻炼，提高人们的身体素质，培养人们爱锻炼的好习惯，从而提高社会的和谐稳定发展。

3. 劳动不能代替体育运动

劳动会在一定的程度上牵扯到肌肉的活动，但是对于肌肉的活动也是有一定的局限性的。现在劳动教育的要求是改善学生的劳动心理，提高学生的劳动素质。体育虽然不能够直接去创造经济价值，但是从一定程度上出发，体育可

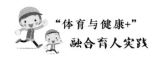

以提高劳动者的劳动效率。从社会学的角度出发，当一个劳动者能够享受到体育权利的时候，他们的劳动更有价值，而当劳动能够为体育提供充足的物质财富的时候，体育运动才能得以迅速地发展。

4. 重视体育和劳动的相互结合

原始人类为了生存会去狩猎，在狩猎中得到人类生活所需的物质条件，与此同时，人类的体育运动也在狩猎中逐渐孕育而生，所以说体育起源于劳动。劳动作为人类生活的基本需求，在锻炼人类身体的情况下，也增长了人类的智慧，延长了人类寿命，使得人类可以更好地生活。现在的人越来越有健康意识，很多人在下班之后利用业余时间去健身房参加一些体育运动，但是回到家却不做家务，忽略了日常家务劳动的价值；还有很多的学生家长，为了孩子能够更好地发展，会为孩子去报一些体育项目，让孩子参加体育运动，提高孩子的身体机能，但是在平时的生活当中，所有的家务活动父母承担，让孩子失去了锻炼的机会。其实这些都是舍近求远，劳动来源于生活，体育也来源于生活，而且从根源上来说，是劳动创造了体育。

三、"体育与健康＋劳动教育"的实施路径

劳动教育和体育教育是中小学教育的重要组成部分，它们既有各自的目标和内容，又相互联系和影响。劳动教育是培养学生热爱劳动、尊重劳动、掌握劳动技能、形成良好的劳动习惯和品质、发展创新创造能力的教育活动；体育教育是培养学生健康的体魄、积极的情感、合理的行为、优美的形态、协调的运动能力的教育活动。两者都是实践性、体验性、参与性很强的课程，都能够促进学生身心健康、全面发展。然而，在当前的教育实践中，劳动教育和体育教育往往被孤立开来，缺乏有效地融合和协调。一方面，由于知识教育和应试教育的压力，劳动教育和体育教育在时间和资源上受到限制，难以得到充分重视和保障；另一方面，由于缺乏科学的理念和方法，劳动教育和体育教育在内容和形式上缺乏创新和多样性，难以激发学生的兴趣和主动性。这些问题不仅影响了劳动教育和体育教育本身的效果，也影响了学生综合素质的提高。因此，探索中学生劳动教育与体育教育有效融合的路径，是当前中小学教育改革和发展的重要课题。

（一）创设多样化的实践活动

创设多样化的实践活动是劳动教育与体育教育有效融合的前提条件。只有

提供了丰富多彩、形式多样、内容丰富的实践活动，才能让学生有机会参与到劳动教育与体育教育的整合过程中，体验到两者之间的联系和互动。具体来说，可以从以下几个方面来创设多样化的实践活动：

（1）结合校园环境和社会需求。校园环境是劳动教育与体育教育最直接的实践场所，也是最容易操作的实践资源。可以利用校园内外的各种设施、器材、材料等，组织学生进行各种与劳动教育和体育教育相关的活动，如植物养护、环境美化、废物利用、健康检测、运动竞赛等。同时，也可以结合社会的需求和发展，开展一些与社会服务、社区建设、公益活动等相关的活动，如志愿服务、社会调查、公益捐赠等。

（2）结合学科知识和技能。学科知识和技能是劳动教育与体育教育最重要的支撑点，也是最有效的整合点。可以利用各个学科的知识和技能，设计一些与劳动教育和体育教育相关的活动，如科学实验、数学游戏、体育比赛、生活实践等。这样既能够让学生在实践中巩固和拓展学科知识和技能，又能够让学生在实践中感受到劳动教育和体育教育之间的内在联系。

（3）结合文化传承和创新。文化传承和创新是劳动教育与体育教育最深刻的内涵，也是最有价值的目标。可以利用各种传统文化或现代文化的元素，开展一些与劳动教育和体育教育相关的活动，如民俗体验、节日庆祝、文化展示等。这样既能够让学生在实践中了解和尊重不同的文化，又能够让学生在实践中展示和创造自己的文化。

（二）"体育与健康＋劳动教育"在体育课堂教学中的实践解析

水平	学习主题	说明
水平一	自理小能手	（1）懂得人人都要劳动、劳动成果来之不易的道理。初步感知劳动的艰辛与乐趣，学会尊重他人的劳动付出。喜欢劳动，具有主动劳动、积极参加劳动的愿望 （2）完成比较简单的个人物品整理与清洗，居室、教室等卫生保洁、整理与收纳，以及垃圾分类等劳动任务，参与简单的家庭烹饪。形成"自己的事情自己做"的意识，具有初步的个人生活自理能力 （3）关心、照顾身边常见动植物，初步形成关爱生命、热爱自然的意识。参与简单的手工制作活动，初步学会规范使用相应工具。对工艺制作具有一定的好奇心

水平	学习主题	说明
水平二	家务小能手	（1）懂得"一分耕耘，一分收获"的道理。体会劳动光荣、劳动不分高低贵贱的道理，认识到美好生活离不开各行各业的劳动者。尊重劳动，尊重普通劳动者，初步形成热爱劳动的态度 （2）养成良好的个人清洁卫生习惯。认识常用家用器具，掌握家用小器具的使用方法，具有家用电器使用安全意识和初步的器具保养意识。主动分担家务，协助参与家庭环境卫生清洁，能制作简单的日常饮食，初步学会简单的家务劳动技能，形成生活自理能力
水平三	环保小能手	（1）初步体验简单的种植、养殖、手工制作等生产劳动，能规范地使用常用的劳动工具，了解常用材料的作用与特征，对劳动过程中遇到的问题具有好奇心和探究欲望 （2）参加校园卫生保洁、垃圾分类处理、绿化美化等劳动，适当参加社区环保、公共卫生维护等力所能及的公益劳动，初步体验简单的现代服务业劳动，初步形成公共服务意识 （3）懂得在劳动中遵规守约，初步学会与他人合作劳动。珍惜劳动成果，初步养成有始有终、专心致志的劳动习惯和品质（4）在劳动过程和日常生活中做到勤俭节约、不怕困难
水平四	操作小能手	（1）懂得劳动创造财富、劳动来不得半点虚假、业精于勤荒于嬉等道理。认识到劳动者是国家的主人，"三百六十行，行行出状元"，体会普通劳动者的光荣与伟大。初步树立劳动最光荣、劳动最崇高、劳动最伟大、劳动最美丽的观念 （2）掌握家庭生活中常用的清洁与卫生、整理与收纳基本技能。了解家庭常用器具的功能特点，规范、安全地操作与使用。初步掌握基本的家庭饮食烹饪技法，制作简单的家常餐，具有食品安全意识。进一步增强生活自理能力和家务劳动能力，初步具有家庭责任感 （3）进一步体验种植、养殖、手工制作等生产劳动，能根据劳动任务选择合适的材料和工具、技术与方法，安全、规范、有效地开展劳动，初步养成持之以恒的劳动品质
水平五	公益小能手	（1）主动参加校园卫生保洁和环境美化等劳动，积极参加社区环保、公共卫生维护等力所能及的公益劳动，进一步体验新技术支持下的现代服务业劳动，形成关爱他人、积极参与社区建设的劳动意识和能力，增强公共服务意识，初步形成社会责任感 （2）根据劳动目标确定劳动任务，制订劳动计划，并根据劳动过程的进展情况适时优化调整，初步形成劳动效率意识和劳动质量意识，初步形成爱岗敬业、乐于奉献的精神 （3）在集体劳动中团结协作，提升与他人合作劳动的能力。在劳动过程中自觉遵守劳动纪律，形成诚实劳动、合法劳动的意识 （4）在劳动中主动克服困难，初步形成不怕辛苦、积极探索、追求创新的精神

第五节 "体育与健康＋国防教育"

一、国防教育概述

(一) 国防教育的定义

国防安全教育，是为捍卫国家主权、领土完整和安全，防御外来侵略、应对威胁的建设与斗争，对全民传授与国防有关的思想、知识、技能的社会活动。其教育内容包括国防思想、国防知识、国防技能和身体素质等。国防教育是对全体公民进行的一项基本教育，具有提高全民素质的重要作用。因此，它是一项社会工程。国防安全教育是国防建设的重要组成部分，旨在增进全民的国防思想、国防知识、国防技能和身体素质，有利于形成和增强国防观念、国防能力。国防教育面向全体公民，涉及面广，内容丰富。国防建设的整体性决定了国防安全教育内容的多样性，现代国防并非仅局限于军队建设、武器装备和战场及战略要地的建设，还与国家的经济实力、政治状况、民族心理、文化水平和人口素质等因素息息相关。

(二) 体育教育与国防教育的关系

体育课是培养学生的重要课程，不仅能培养学生良好的身体素质，也是塑造学生优良品德的重要阵地。从这一点来说，体育精神与国防教育精神高度一致，相辅相成。说起体育运动，它既同生产劳动有关，也同军事有关。今天的许多运动项目，其起源既与军事相关，同时也对军事发展起到促进作用，比如队列、跑步、游泳、标枪、铅球、铁饼、跳高、跳远、武术等。同样，体能锻炼、体育技能培养、思想作风训练、毅力意志锤炼等，都既是学校体育教学与训练的内容，也是军事与国防教育的内容。可见，学校体育与国防教育虽然不能完全等同，但是关系密切。

在中小学阶段，体育的成效对国防建设起着很大的促进作用。学校体育既锻炼了学生的身体，又培养了学生的作风，同时又为国防建设储备了大量的后备力量。当今世界总体发展趋势是和平与发展，但是历史的经验告诉我们，

"忘战必危"。我国的安全形势仍然很复杂严峻,国际上的霸权主义仍在兴风作浪。虽然我们处于和平环境,但是仍然不能忽视和平背后潜在的威胁。这些都要求我国具有强大的综合实力和国防动员能力。因此,培养青少年的体育政策和课程,对一个国家和国防建设意义重大。

对我国来说,我国人口众多,幅员辽阔。在九年义务教育迅速普及的当下,学校教育是国民教育最重要的培养阶段,学校体育课开展的质量,不仅影响着学生的身体素质,同时也必然对国家和国防建设产生重大的影响。

(三) 国防教育的任务与内容

1. 提高学生的综合品质

国防教育工作提倡全民参与,将提升我国人民的综合素养和国民意识放在首位,而体育锻炼更注重培养人们勇敢、坚强、果敢等不屈不挠的坚韧意志,其主要目标是帮助人们征服自然,战胜并超越自我,通过对身体的培养来磨炼精神意志,实现精神层面的升华。这种教育形式对学生适应未来可能面临的战斗环境具有重要意义。战争是对人的智力和能力等综合技能的考量,体育锻炼在国防教育工作中发挥着重要作用。随着信息化技术的不断发展,很多人认为身处知识信息时代便无须锻炼身体素质,但实际上军人所具有的大无畏精神,无论在任何发展时期都具有重要意义。

2. 培养学生的爱国主义精神

在我国社会发展过程中,国防教育工作一直是提高爱国主义精神的重要途径。若要全面提升我国学生的国防观念,树立良好的国防意识,就要在体育教学开展过程中注意中华体育精神的传承。在我国历史发展的各个阶段,体育都为我国的社会建设贡献出了精神力量,并且帮助不同行业的社会主义建设者树立起良好的民族自信心和凝聚力。奥运健儿在运动场上拼搏奋进、不畏强手,极大地提高了人民的民族精神,增强了人民对祖国的自信心,激发了人们的爱国热情,有利于中国特色社会主义建设伟大事业的不断推进。同时,体育教育还能够培养学生的拼搏精神。拼搏是中华民族体育精神的优秀传承,体育运动同样也是爱国主义的一种体现形式,是中国人民将团结奋斗这一发展理念走向世界的一面旗帜。因此,在体育教学中,要引导学生树立顽强拼搏的精神,主动参与到体育活动中,将为国争光、奋勇拼搏作为促进自身发展的伟大理想。

3. 提高学生的身体素质

众所周知，国防教育的开展是以军队为主要基地，军人的整体身体素质和战场上的基本技能掌握程度，直接决定了我国国防实力的强弱。而体育运动的主要目标是全面提高学生的基本活动能力，通过不同体育游戏和体育项目，锻炼学生走、跑、攀爬、跳跃的能力，这些基本的身体活动也是我国军事训练中的主要内容。部队设计出的不同身体训练手段，主要目的是全面提高战士的身体素质，为提高我国国防战斗力构建一个良好的训练平台。而体育教学是当前我国提高学生军事素质的主要途径。

4. 为国防工作提供后备人才

想要全面加强我国的国防实力，就需要抓好后备力量的建设。结合当前我国国情和军情的实际发展需求，应在教学阶段就提高未来国防后备人员的整体身体素质和心理素养。随着我国国防体育观念的转变，在我国体育教育中涌现出了大批的现代化国防后备力量。在国防体育精神建设的过程中，应多向学生推荐射击、跳伞、滑翔等体育运动，组织学生离开校园，到野外开展军事野营的项目活动，让学生体验自主生存的艰苦；同时还需要结合现代化战争所需要掌握的军事训练内容，锻炼学生的国防体育技能，全面提高学生的身体素质和心理素养，为国家国防工作提供大量的人才储备。

二、对"体育与健康＋国防教育"的理解

（一）"国防教育"的政策指向

2011 年 7 月 29 日，中共中央、国务院、中央军委下发了《关于加强新形势下国防教育工作的意见》，明确指出："国防教育是建设和巩固国防的基础，是增强民族凝聚力、提高全民素质的重要途径。"普及和加强全民国防教育，是国家始终高度重视的一个战略问题，对于凝聚全民族的意志和力量，推进中国特色社会主义事业，实现中华民族伟大复兴，具有重要且深远的意义。

目前，中小学的国防教育还显得比较薄弱。最明显的表现是，仅靠初、高中入学时的短暂军训，相较于学生几年的学校生活来说，不仅时间短，而且延续性差。因此，学校应当积极创造条件，开展国防教育课程，或者把体育课作为学校国防教育的试验田，即在体育课教学中，融入国防教育的内容。这样既

拓展了体育课的内容，提高了体育课的社会地位，又普及了国防教育，增强了学生锻炼的积极性，将会得到"1+1>2"的社会效应。

（二）体育与健康课程标准里的"国防教育"表达

在《义务教育体育与健康课程标准（2022年版）》的"目标导向"中明确指出，将社会主义先进文化、革命文化、中华优秀传统文化、国家安全、生命安全和健康等重大教育有机融入课程，增强课程思想性。为了更好地落实这一导向，新课标中提出了跨学科主题学习。此对对国防安全教育在日常体育中的活动的探讨，目的就是挖掘体育课程特殊、鲜明、持久的教育功能，以提高学生思想觉悟，激励学生积极科学地参加各项体育锻炼，使他们从思想上热爱体育，逐步形成终身体育意识；从行动上积极参加体育锻炼，关心集体，团结互助，遵守纪律；从精神上培养学生勇敢顽强、不怕苦、不怕累，克服困难、努力拼搏的坚强毅力。通过国家安全教育，使学生能够深入理解并准确把握总体国家安全观，牢固树立国家利益至上的观念，增强自觉维护国家安全意识，具备维护国家安全的能力。

三、"体育与健康＋国防教育"的实施路径

（一）"体育与健康＋国防教育"的实施策略

国防教育是关乎国家和民族兴衰安危、生死存亡的大事，开展国防教育是当前中小学素质教育的重要内容。只有潜心研究中小学教育教学活动中的国防教育因素，采取积极有效的措施，才能提高国防教育的质量和成效，全面贯彻党的教育方针。

健全国防教育组织机构，大力营造国防教育浓厚氛围。坚强的领导力量是中小学国防教育的根本保障。学校应成立国防教育领导小组和工作小组，统筹学校国防教育的具体工作，以健全的组织机构确保国防教育的有序进行。建立国防教育工作制度，实现国防教育制度化、规范化，将国防教育工作放在与教学工作同等重要的位置上。按照素质教育的要求，足额开设国防教育课程。充分利用国旗下讲话、主题班会、宣传栏、黑板报等形式，广泛宣传国防教育知识，为学生营造浓厚的国防教育知识学习氛围。

设立专职国防教育教师岗位，强化国防教育师资队伍。教师是中小学实施国防教育的主导力量。要提高中小学国防教育的效果，没有一支观念超前、业

务精湛、知识渊博的教师队伍是难以做到的。因此，为了突出对中小学国防教育的重视，学校要改变当前国防教育师资以兼职为主的现状，在教师编制中设立专职国防教育教师岗位，拓宽国防教育教师的选配渠道，充实教师数量，提升教师质量，真正建立一支既具有丰富的国防及军事知识，又具有一定的中小学校教学经验的国防教育师资队伍，以满足当前中小学开展国防教育的需要。

结合学生年龄特征编纂国防教育教材，突出教育的针对性。中小学国防教育不同于社会的国防普及型教育，要体现学生的年龄特点和心理需求。学校应组织专家和教师依据《中华人民共和国国防教育法》《全民国防教育大纲》《关于加强新形势下国防教育工作的意见》等法律法规，针对中小学生的不同年龄特点，区分层次和重点，科学编纂国防教育教材。以基础性知识为主，突出教材的理论性、系统性、职能性、故事性和趣味性，并配以图片、卡通、漫画等图解，做到浅显易懂，寓教于乐，使中小学国防教育教材建设走上系统化、规范化和标准化的道路。

开展多种形式的国防教育活动，激发和巩固学生的学习欲望。当代中小学生接触的信息面宽、思想活跃，这就要求我们的国防教育形式必须力戒单一，要实现多样化，以适应中小学生求新求异的心理需求。在中小学国防教育中，要有常规教学中的有机渗透，例如：音乐课通过教唱《义勇军进行曲》《打靶归来》等歌曲，歌唱人民军队，讴歌英雄人物；美术课通过画飞机、军舰等，对学生进行爱军队、壮军威教育；体育课进行基本的军体拳、武术等军事技能教育和训练培养。此外，还要开展丰富多彩的课外活动，例如：组织"不忘国耻""居安思危""祖国在我心中"等内容的座谈会、故事会、知识竞赛、演讲比赛；利用寒暑假举办军事夏（冬）令营或军训活动，进行阅兵式、分列式、射击、战地救护等方面的军事训练；组织观看与国防相关的影视作品……以此激发和巩固学生的学习欲望，深化国防教育。

中小学国防教育是全民国防教育的重要组成部分，是学校德育工作的重要内容，是提升公民国防意识和素质的重要途径。我们要始终突出爱国主义主旋律，强化中小学国防教育，使学生逐步了解基本的国防知识，学习初步的军事技能，培养学生报效祖国、献身国防的思想感情，为把青少年锻造成社会主义事业的建设者和保卫者打下良好基础。

1. 开设专门课程

高等学校要依托校内相关教学科研机构，开设国家安全教育公共基础课。同时，鼓励支持地方和中小学（含中职）挖掘和利用校内外国家安全教育资

源，开设地方课程和校本课程。国防教育内容主要有武装力量、国防建设以及国防科普三大板块。例如，第一节课我们就可以设置国防教育和武术手型学习，以我国的大阅兵为主要核心。新中国成立以来，我国共举行过14次的国庆阅兵。这14次总共可以分为四个阶段：第一阶段为"万国造"，第二阶段受阅武器基本实现国产化，第三阶段在第二阶段基础上"核武器"亮相，第四阶段90%的新武器首次公开亮相。通过分析这四大阶段，让学生了解国家国防不断进步革新的现状和科技强军的政策，激励学生不断进取、持续学习。然后在此情境的基础上，通过图片将"拳、掌、勾"各个手型的含义和其中的故事娓娓道来，在提高学生注意力的同时帮助学生更好地掌握三个手型的动作技术要领和要求。让学生了解学习武术的目的不是争强好胜，而是为了强身健体、学习保护自己、保家卫国。此外，还通过手型变形的"手头剪刀布"的游戏（拳代表石头、掌代表布、勾代表剪刀），让学生充分掌握手型，为之后《形神拳》的学习打好基础。

2. 依托课堂教学、开展结合教育

拥有健康的体魄是青少年为祖国和人民服务的基本前提。新的体育课程标准根据"健康第一"的指导思想，将不同性质的学习内容划分为运动参与、运动技能、身体健康、心理健康和社会适应五个学习领域。该课程标准并不规定具体的教学内容和要求，学校、教师和学生留有相当大的选择余地和发展空间。因此，在体育教学课堂中要注重国防教育的融合。

（1）队列队形教学增强学生军事技能及身体素质。

队列和体操队形不仅是对学生身体姿势和空间知觉的基本训练，同时也是一项严格的集体活动。它要求学生在共同的口令下完成协调的动作，从而培养学生严格的组织纪律性和朝气蓬勃的集体主义精神，发展学生反应迅速、动作准确和协调一致的应变能力。通过体育队列队形教学，纠正学生平时懒散的站姿、行走等不良行为，通过军事化训练，使学生形成良好的站姿、坐姿、行走等。同时为学生从小进行军事化身体素质打下了良好的基础。

（2）组织学生积极参加体育运动会增强学生家国情怀。

在体育竞赛中，每一个学生代表的不仅仅是个人，同时还代表着班级或学校，个人成绩会直接影响到集体荣誉，因此，集体主义意识自然地在体育竞赛中得到增强。在组织学生积极参加体育运动会中，特别是拔河、篮球、足球、排球、广播操、多人跳绳等集体项目中，可以激发学生力往一块使的精神，大大增强集体凝聚力。这对增强学生的国防意识、树立国防观念、培养国防精神大有裨益。

(3) 在体育游戏中融合国防教育。

学生天性好动、好玩,对游戏兴趣浓厚。根据学生这一心理特点,体育教学中要充分利用一些游戏来渗透国防教育。比如,在军事游戏中进行"投弹(沙包)"游戏,让学生分别模拟敌人和解放军,让每一位学生体会解放军攻打敌人时那种不怕苦、不怕累、英勇作战的精神。通过军事游戏,让学生了解国防安全的重要性,树立"固我国防"的意识,同时也磨炼了学生的意志,培养他们良好的心理素质。

(二) 在体育课程中挖掘素材、体育项目中渗透国防教育

首先在任何课程开始前的准备工作都需要教师努力地钻研教材的主要内容,充分挖掘体育教材中所具有的国防教育知识,实现爱国主义教育和国防教育之间的有机结合,例如:在进行乒乓球运动教学开展的过程中,可以利用我国乒乓球运动员所创造的辉煌历史,以及中华体育健儿在奥运会上的奋斗历程,将这些带有鼓舞性的知识内容作为主要的教育素材,有效地向学生渗透爱国主义精神;在日常的实际生活过程中,也需要大力的宣传我国运动员所具有的顽强拼搏精神,激发学生们的爱国情怀,帮助学生养成居安思危的国防理念。

教师在进行教学开展过程中,需要坚持以学生为主体的教学理念,结合学生的个性化发展需求,制定出合理的体育项目,体育项目教学开展的过程中,需要潜移默化地向学生渗透国防教育思想,充分发挥项目教学法在体育教学中的重要作用。教师可以模拟军事演习设计良好的体育项目训练情景,让学生以跳跃式的形式越过模拟雷区,以投掷的形式模拟炸碉堡,以匍匐前进的形式模拟铁丝网训练。同时,教师还可以在教学开展过程中,向学生讲述一些革命英雄事迹,触动学生的爱国情怀,引起学生精神上的共鸣。

(三) 充分利用社会资源、军地结合树立学生国防责任感

充分发挥国家安全各领域专业人才、专业机构和行业企业的作用,开设专题讲座、指导学生实践活动、培训师资、提供专业咨询和体验服务等。有效利用各类场馆、基地、设施等,开发实践课程,组织现场教学,强化体验感受。

将体育教学与国防教育相结合,采取"引进来,走出去"的办学模式。可以联系相关的现役和预备役部门,带领学生参观和学习军营战士的一些军事操练内容,或把部队一些优秀的军官和战士请来,对学生进行一些相关的军事训

练，这样既会丰富体育课的内容，也会极大调动学生的兴趣。通过这样的互动，学生认识到个人的身心发展和国防安全息息相关，从而培养学生树立"天下兴亡，匹夫有责"的担当精神和责任感。

体育教学离不开对学生作风的培养。然而，目前学生家庭条件普遍较好，独生子女占比高，不少学生吃苦精神欠缺，合作意识和顽强作风匮乏。尤其是中小学的学生，学习的动力较差，纪律观念薄弱。众所周知，军纪是严明的，如果在体育课上融入军事的要素，不仅可以锻炼学生的体魄，更是对他们的灵魂的洗礼。这样，对他们的人格和品德是一个很好的修炼。秉持"先成人后成才"的理念，这在学生毕业后步入社会，是件大有裨益的事情。

（四）"体育与健康＋国防教育"在体育课堂教学中的实践解析

水平	学习主题	说明
水平一	躲避小能手	结合教学和生活中的危险因素，创设学习或生活的情景，结合学生活泼好动的特点，让学生扮演成小能手，解决问题的同时把体操的前滚翻等滚翻技术等融入课堂教学和游戏中，培养学生的躲避危险能力、培养意志力，激发学生的意志力和吃苦耐劳的能力
水平二	投掷小达人	通过情景的创设，抓住孩子们的好奇心，激发孩子们的积极性。在科普我国军事知识的同时让孩子们的身体得到充分的活动，为后面的课程做好准备。发展学生上肢力量，提高上下肢协调能力。鼓励学生勇于展现自己，不怕失败，努力做到最好。培养学生的团队凝聚力，让孩子们懂得如何去帮助同学或在遇到困难时向同学求助
水平五	丛林探险	在情景教学中让孩子们初步了解不同动物是如何进行跳跃的，如青蛙、兔子、袋鼠等，以发展学生跳跃能力和灵敏协调性，以及发展学生的模仿、想象、创新和表现能力。这些练习活动可以作为"发展体能练习"的内容和手段。同时，在此过程中还渗透了生态安全相关知识，让学生在潜移默化中建立国家安全意识
水平四	崇拜"狂人"	近年来，西方国家对我国的文化输出愈演愈烈，导致不少的青少年崇拜对象不是我国的民族英雄、科学工作者，而是国外所谓的"偶像团体"，甚至是动漫卡通人物。所以趁着本次奥运会的契机，给孩子们树立正确的价值观，让我国奥运健儿们的风采感染学生，也借此机会在孩子们心中建立起文化安全意识。以文化安全重要性为依托，以体育活动为手段，从小打下体操基础，通过体育的诱导手段激发学生的爱国意识。树立正确的世界观、人生观、价值观，使学生养成终身体育锻炼的良好习惯。观看奥运会的体操比赛视频，并让学生留意和记录下我国奥运健儿的获奖情况。以文字或绘画的方式记录下我国奥运健儿在领奖台上高唱国歌的状态，并说出自己感想

水平	学习主题	说明
水平五	防治尾随	武术又称国术，是宝贵的民族文化遗产之一，《课程标准》提出，在中学阶段"要重视选择武术等民族民间传统体育活动项目进行学习"，武术是小中高年级运动技能教学内容之一。让学生从小认识、学习和初步了解祖国的传统文化知识，锻炼身体，强筋骨，练意志，激发热爱祖国体育文化情感，培养爱国精神

第六节 "体育与健康＋安全教育"

建立融合视域，推动安全教育在学校体育课程中渗透，能结合体育教学的实际内容协调学生更具体地感知安全教育的具体内容，促使个体从中建立良好的安全意识以及自我防护能力，为学生的身心健康发展提供重要的能力保障。在学生体育课程中，教师需要以递进逻辑做好安全教育与体育学科课程之间联系性的分析工作，提出有针对性地实施策略并尝试性地推动策略在课程中落地，在实践中检验教育理论的可行性，在不断试错与反思总结中找出最佳的课程融合路径，为安全教育渗透在体育课程之中提供重要的理论导向。

一、安全教育概述

（一）安全教育的定义

安全教育是指通过教育方式，向个人传授安全知识、安全技能和安全意识，以提高个人安全行为能力和防范意识的过程。安全教育也意味着培养和学习自我保护的能力，做到远离危险并拥有良好的应急心态。安全教育是一个永恒的话题，特别是在学校，青少年学生的生命安全和健康成长，直接关系着正常教育教学活动的开展与实施，攸关亿万家庭的和谐与幸福。确保学生生命安全，是维护人民群众根本利益的重大责任，是办好让人民群众满意的教育的基础和前提，也是全社会的共同责任，更是构建社会主义和谐社会的重要保障。安全教育的目的是减少甚至避免安全事故和伤害，提高生产效率和工作场所的安全性。此外，安全教育还可以帮助人们识别和避免潜在的安全威胁，并采取适当的预防措施。

（二）安全教育的功能

1. 安全教育在学校的功能

1996 年，我国确定每年 3 月最后一周的星期一为全国中小学生的安全教育日。设立这一教育日是为全面深入地推动中小学生安全教育工作，大力降低伤亡事故的发生率，切实做好中小学生的安全保护工作，促进青少年健康成长。培养青少年的安全自护意识应从培养其良好的常规习惯开始。安全事故已经成为 14 岁以下少年儿童的第一死因。校园安全涉及青少年生活和学习方面的安全隐患有 20 多种，如食物中毒、体育运动损伤、网络交友安全、交通事故、火灾火险、溺水、毒品危害、性侵犯、艾滋病等。有专家指出，通过安全教育，提高中小学生的自我保护能力，将可以避免 80％的意外伤害。应全面深入地推动中小学安全教育工作，大力降低各类伤亡事故的发生率，切实做好中小学生的安全保护工作，促进他们健康成长。

2. 增强个人安全意识和防范能力

安全意识是指个人对安全问题的敏感性、关注度和自觉性。通过安全教育，个人会对安全问题有更深入的了解，认识到安全问题的重要性和紧迫性，从而增强自身的安全意识。安全教育还可以通过培养个人的安全技能，提高其对危险的识别能力和应对能力，使其能够采取正确的安全行为和应急措施来避免或减轻安全事故的发生。个人的安全意识和防范能力的提高，对于保障个人生命财产安全、维护社会稳定和经济发展具有重要意义。

3. 促进安全文化建设

安全文化是指在一定社会背景下，人面对安全问题所形成的一种共识和价值观。安全文化的核心是人的安全观念和安全行为。通过安全教育，可以培养广大人民群众的安全意识，形成一种维护安全的风尚和习惯。安全教育既能够深入人心，提高人们自觉遵守安全规程和安全制度的意识，也能够引导人们将安全文化反映到日常工作和生活中，促进社会风气的向上向善，形成崇尚安全的良好氛围和文化。

4. 预防和减少安全事故的发生

安全事故是指因违反安全规程、操作不当、设施故障等原因导致的人身伤亡、财产损失或环境破坏等不幸事件。安全教育可以通过向人们传授安全知识和安全技能，增强其安全意识和自我保护能力，从而减少安全事故的发生。同时，安全教育还可以培养人们辨别事故隐患和预防事故的能力，引导人们积极参与事故隐患排查和安全管理，减少安全事故的发生。通过安全教育，可以提高整个社会的安全素质和安全水平，有效预防和减少安全事故带来的伤害和损失。总之，安全教育在个人和社会层面都具有非常重要的作用。它可以增强个人的安全意识和防范能力，促进安全文化建设，预防和减少安全事故的发生。通过加强安全教育，可以让人们更加关注和重视安全问题，形成安全第一的思想和行动，实现个人安全和社会安全的全面提升。

（三）安全教育的任务与内容

（1）排查教育行政部门和学校是否严格按照国家有关产品和质量标准选购体育器材设施。没有国家标准和行业标准的体育器材设施，是否要求供应商提供了第三方专业机构的安全检测及评估报告。是否建立体育器材设施与场地安全台账制度，记录采购负责人、采购时执行的标准、使用年限、安装验收、定期检查及维护情况。

（2）排查学校体育器材设施的安装安全。体育器材设施是否严格按照安装要求进行安装。地埋式篮球架、单杠、单双杆、爬梯、平梯等体育设施固定处是否松动、底下是否设立缓冲区。移动式篮球架、乒乓球桌是否安装稳固，有无螺丝松脱，周边是否有锐边、尖角、凸出的锋利部分。

（3）排查电源水源安全。排查体育场和体育馆信息化设备、强电设备设施、游泳馆设备设施是否存在安全隐患。

（4）排查消防设施、急救设施设备是否能够正常使用。

（5）排查体育运动环境安全。排查学校是否根据体育器材设施及场地的安全风险进行分类管理。具有安全风险的体育器材设施应当设立明显警示标志和安全提示。需要在教师指导和保护下才可使用的器材，使用结束后应当屏蔽保存或专门保管，不得处于学生可自由使用的状态；不便于屏蔽保存的，应当有安全提示。教师自制的体育器材，应当组织第三方专业机构或人员进行安全风险评估，评估合格后方能使用。

（6）排查学校是否对体育器材设施及场地的使用安全情况进行巡查，定期进行维护，根据安全需要或相关规定及时更新和报废相应的体育器材设施，及时消除安全隐患。

（7）排查体育运动管理机制。教育行政部门是否把学校体育运动风险防控作为教育管理与督导的重要内容，纳入工作计划，制订适合本地区的学校体育运动风险防控指导意见或工作方案，明确风险防控的具体内容和基本要求，指导并督促学校建立完善学校体育运动风险防控机制，落实防控责任和措施。学校是否把体育运动风险防控作为学校管理的重要内容，纳入工作计划，制订工作方案，明确风险防控的具体内容和基本要求，建立校内多部门协调配合、师生员工共同参与的学校体育运动风险防控机制，落实防控责任和措施。教育督导机构是否对学校体育运动风险防控进行督导检查，检查结果作为对学校进行考核和问责的重要依据。

（8）排查学校是否按规定安排学生健康体检。建立学生健康档案，按照《中小学生学籍管理办法》规定，纳入学籍档案管理。是否落实《教育部办公厅关于做好当前疫情形势下学校体育工作的通知》要求，科学制订学校体育工作计划，对不同健康状况、体能状况及新冠感染恢复期学生开展分类施教、科学施教，落实不同课堂要求。

（9）排查学校是否主动公示体育运动风险防控管理制度、体育运动伤害事故处理预案等信息，接受家长和社会的监督。

（10）排查大型体育活动和比赛。学校组织开展大型体育活动或体育比赛时是否成立安全管理机构，制订安全应急预案，检查体育器材设施及场地，设置相应安全设施及标识，设置现场急救点，安排医务人员现场值守，对学生进行安全教育。

（11）排查学校是否做到教师在体育课教学、体育活动及体育训练前，认真检查体育器材设施及场地；体育课教学、体育活动及体育训练中，强化安全防范措施，对技术难度较大的动作应当按教学要求，详细分解、充分热身，并采取正确的保护与帮助。

（12）排查学校是否做到利用开学教育、校园网络、家长会等进行体育安全宣传教育，普及体育安全知识，宣讲体育运动风险防控要求和措施，引导学生和家长重视理解体育运动风险防范。

（13）定期开展安全教育，全面深入地推动中小学生安全教育工作，大力降低伤亡事故的发生率切实做好中小学生的安全保护工作，促进青少年健康成长。

二、对"体育与健康＋安全教育"的理解

（一）"安全教育"的政策指向

安全教育在现代社会扮演着至关重要的角色，其核心目标是提升儿童和青少年对安全问题的意识与理解，从而预防意外伤害和事故的发生。安全教育是一种特殊的教育手段，它使儿童和青少年能够识别日常生活中的潜在危险，并掌握避免和处理这些风险的技巧。安全教育的必要性源于社会复杂性的增加，人们在日常生活中遭遇的安全挑战日益增多。因此，加强儿童和青少年的安全意识与应对能力，对于保障个人及社会的安全具有极其重要的意义。

安全教育必须服务于社会主义现代化建设，这正是我国教育工作的根本导向。

安全教育需与生产劳动紧密结合。整个教育体系应与国民经济发展的需求保持一致，并在教育与生产劳动结合的内容及方法上持续创新。这是教育方针中一个不容忽视的关键要素。

（二）体育与健康课程标准里的安全教育表达

安全教育的重要性不言而喻。据统计，每年因意外伤害和事故而导致的死亡和伤残数量惊人，而且这些伤害事件在儿童和青少年中更为常见。安全教育能够帮助他们了解身边可能存在的危险，提高警惕性，避免危险行为，从而减少意外伤害和事故的发生。例如，通过安全教育，儿童和青少年可以学会如何安全地过马路、如何在火灾等意外事件中逃生、如何避免溺水等。

体育学科是一门以身体练习为主，实践性较强的课程，注重引导学生参与到多种体育项目中，在实践中培养学生的运动技能与运动习惯，为学生的身心发展提供充足的运动养分，并促进其持续投入运动环节之中，形成良好的健康意识。而综合审视体育课程中的运动实践以及学生自发开展的体育活动可以发现，青少年群体在运动中存在着一系列安全隐患，错误的运动习惯、不良的运动方式往往会导致学生群体出现实践问题，反而影响个人的健康成长。因此，在体育学科中推动课程与安全教育的融合是十分有必要的。安全教育是学生在体育课程中有效完成运动实践的关键保障，它将从意识与能力两个层面塑造学生的综合素养。在运动习惯的推动下，安全教育将成为学生未来自主运动环节的一部分，为学生的身心健康发展提供持续的保护。这确保了学生在安全运动

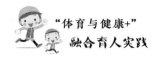

模式下，个人综合素养得到最大化提升。

《义务教育体育与健康课程标准（2022 年版）》和《普通高中体育与健康课程标准（2017 年版 2020 年修订）》在健康教育内容板块中明确指出，健康教育涵盖五个领域：健康行为与生活方式、生长发育与青春期保健、心理健康、疾病预防与突发公共卫生事件应对、安全应急与避险。同时，对安全领域在不同水平段的目标也提出了具体要求。水平一的目标包括掌握受伤时的止血方法、预防溺水的知识以及基本的自救技能，了解被常见动物蜇伤、咬伤或抓伤后的初步处理措施，以及在遇到意外伤病时如何拨打急救电话。水平二的目标是了解体育课上及课外体育活动中常见的运动伤害及其简单处理方法，例如割伤、刺伤、擦伤、挫伤、扭伤、冻伤和中暑的预防和处理。水平三的目标是理解科学锻炼的注意事项，掌握骨折和心肺复苏的处理原则及正确操作方法，包括骨折部位的固定、搬运骨折患者的方法以及心肺复苏的操作步骤。水平四的目标是精通预防运动伤害的知识与技能、溺水自救和配合他人救援的方法，以及在踩踏事故、火灾、地震、海啸等紧急情况下的自我保护和逃生技巧，还有在重污染天气中的户外防护措施。水平五的目标是熟练运用安全运动、预防常见运动伤害和突发事故、消除运动疲劳的知识与方法，例如心肺复苏、溺水等知识与技能；并掌握安全避险的知识与方法，如在拥挤、暴恐事件等紧急情况下的避险和急救常识。课程标准对每个学段的具体目标要求都十分明确，突显了安全教育在体育活动中的重要性。对于体育教师而言，确保体育课堂的安全是首要任务。因此，每节课开始前都需强调安全事项，课程内容设计时也应预先考虑安全措施，做到防患于未然，以预防为主。

三、"体育与健康＋安全教育"的实施路径

（一）"体育与健康＋安全教育"的实施策略

学校开展的体育活动主要包括：体育教学活动、大课间活动、1 小时的课外锻炼、运动会以及训练队的活动。在这些活动过程中，不可避免会出现安全隐患或安全事故，作为一线体育教师和学校管理者，我们必须在事故发生前，尽可能排除潜在的安全隐患，将事故发生的可能性降至最低，确保师生的生命安全。本章将从以下几方面进行分析和梳理，并提出相应的应对策略。

1. 体育教师因素

（1）因体育教师教授的技术动作不符合学生生理发育规律造成事故。

应对措施：体育教师在组织教学时应科学遵循学生生长发育规律，严格执行教学大纲要求，选择正确和与学生年龄相适应的教学、活动内容，不得"超纲"教授技术动作。在体育教学和体育活动中，应安排符合学段要求的内容，不能拔苗助长，更不能用不适合学段和学情的技术标准对学生进行考核和测试。

（2）因体育教师教法错误和保护不到位造成事故。

案例：某校初二年级学生在体育课中进行引体向上练习，其中一名男同学由于选择的单杠过高，采用助跑起跳上杠，因为惯性未抓稳单杠，摔倒在地时造成右手骨折。体育老师未能及时发现这名同学在做危险动作。

应对策略：体育教师在组织教学过程中，应该保证所有同学在视线范围内活动，并根据教材内容，在课前给学生做好安全教育。体育教师应选择正确的教法进行技术教授。同时，在学生学习过程中要加强保护。针对不同层级和特点的学生，要进行分层次教学和练习。要充分发挥体育骨干的作用，协助教师开展教学工作。

2. 学生自身因素

（1）学生自身存在先天性或临时性疾病造成事故。

案例：某校一名患有哮喘的4年级孩子，家长未告诉班主任和体育老师这一情况。在一次体育课上进行耐久跑训练，这名孩子出现呼吸急促等症状，幸亏体育教师及时送到医务室。

应对措施：每学期开学前分管安全校长组织校医、班主任、体育教师召开安全工作会时，其中一点就是需要掌握所在班级学生有无不适合运动的疾病或先天性疾病。体育老师授课和活动开始前，精确掌握每一位学生的身体和心理状态，确保其能够正常参与体育教学和体育活动。日常要加强同班主任老师和家长沟通，了解学生是否存在不适合参加体育教学和体育活动的疾病，并积极征求班主任老师、校医和家长的意见。在授课过程中，要时刻认真观察每一位学生的状态，一旦发现学生存在呼吸、行为、心理等方面的异常，立刻实施干预。

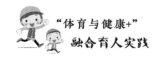

（2）学生在学习过程中不按照教师要求正确做出相应动作或不按照教师要求正确使用器材造成事故。

案例：学生在高尔夫球课上正进行挥杆击球训练，体育教师为挥杆动作不标准的孩子进行单独辅导，一名学生在未经过教师口令允许情况下，进行挥杆击球，高尔夫球正好击打到体育教师的左眼，对体育教师视力造成不可逆的影响。

应对措施：在授课和体育活动开始前，加强教育、明确要求，严明纪律，阐明原因，指出后果。确保每一位学生能够明确学习和活动的具体要求。在过程中，加强指导，积极互动，正确回答学生提出的问题，指出学生的错误动作和行为，避免意外事故发生。教学活动结束后，及时点评、做好总结。

（3）学生着装不规范或携带坚硬危险物品参加体育活动造成事故。

应对措施：开学第一节课体育老师应该告知学生注意事项，并在每节体育课前进行检查落实：穿运动服、运动鞋参与体育运动，要穿宽松合体的运动服，不穿纽扣过多或者有金属饰物的服装；鞋子要合脚，不要穿凉鞋或皮鞋；衣服口袋里不要装钥匙、铅笔、钢笔、小刀等坚硬、尖锐的物品；不要佩戴各种金属的或玻璃的装饰物，头上不要戴各种发卡；打篮球、踢足球等对抗性运动，尽量不要戴眼镜。

3. 场地器材因素

学校体育场地、器材存在安全隐患或不符合体育课及体育活动相关要求造成事故。

应对措施：教学和活动开始前，加强对场地、器材的安全隐患排查整改，做到万无一失。日常加强对场地、器材的维护与检修，及时排除安全隐患。购置适合学段、学情的体育器材，避免在校园内安装成人体育器械。加大经费投入和保障，保证学校体育场地、器材得到及时修复和更新。

（二）"体育与健康＋安全教育"的实施路径

教师应密切关注学生在运动过程中的安全特性，通过实施体育安全教育，引导学生认识当前青少年在运动中可能遇到的安全风险，帮助学生通过课程学习树立安全意识，并在运动实践中自我约束，将安全教育的要点融入个人行为中，形成直接的内化过程，从而增强安全技能。

教师还应将体育课程中的安全教育内容进行拓展和深化，根据不同情境赋予安全教育以不同的意义，提高其适用性。通过这种方式，学生能在体育课程中识别更多生活中的潜在危险，并树立相应的安全防护意识，为未来生活中保护自身健康打下基础，促进个人的全面发展。

教师在准备课程时必须具备预见性的安全意识，根据教学内容的特点，考虑所需的运动场地和器材，在教学计划中预先设定。教师应明确了解课程中每个环节可能存在的安全隐患，并采取有效的预防措施。

教师应在每节课开始前进行安全教育，并在课程中根据预先设定的安全要点进行重点强调。

教师可以利用案例、图片、视频等多种形式，向学生传授安全知识。例如，讲解呼吸道和皮肤感染、热应激和热量管理等相关科普知识。

安全演练是学校体育教学中不可或缺的环节。学校应定期组织学生进行应急演练，模拟比赛中的紧急情况，使学生掌握处理紧急状况的技巧，提升应对突发事件的能力。

比赛不仅是检验学生运动能力的教育活动，也是评估学生安全防护能力的有效途径。在组织学生比赛时，应加强安全防护措施，降低伤害事故的风险，并对比赛规则及安全技能要求进行详尽说明。

（三）"体育与健康＋安全教育"在体育课堂教学中的实践解析

水平	学习主题	说明
水平一	"自治"小达人	通过观看安全教育视频，学生们能够清晰地了解常见的轻微伤害的正确处理方式，并通过提问引导与小组讨论，使他们掌握在受伤出血时的及时止血技巧，了解预防溺水的知识以及基础的自救技能，并熟悉如何拨打急救电话
水平二	运动伤病我知道	针对运动中普遍存在的安全问题，本课程利用 PPT 演示，向学生清晰展示运动中常见的伤害类型，包括擦伤、扭伤和拉伤等。通过提问和引导，鼓励学生进行小组讨论，深入掌握预防运动损伤的策略。此举旨在加强学生的自我保护意识
水平三	科学锻炼很重要	通过提问引导："同学们，科学锻炼时我们需要注意哪些事项？"以吸引学生的注意力并聚焦于话题。接着，分发任务单，指导学生以小组形式讨论骨折和心肺复苏的处理原则及正确方法，从而帮助他们树立正确的安全意识
水平四	自然灾害知识要记牢	通过短视频，让学生掌握我国自然灾害的种类及其带来的影响。教师提供任务单，指导学生将所学知识整理记录在任务单上。随后，通过小组讨论，教师引导学生明确在踩踏事故、火灾、地震、海啸等紧急情况下的自我保护和逃生技巧，以及在重污染天气中的户外防护措施

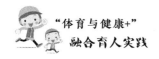
水平	学习主题	说明
水平五	对抗运动要知道	通过提问的方式引导学生明确哪些项目属于对抗性项目，并组织他们进行小组讨论，以识别这些项目中容易发生的安全事故。最终，总结出预防这些安全事故的关键注意事项。通过这一过程，帮助学生正确理解对抗性活动中的安全要点，培养他们良好的安全意识

第七节　"体育与健康＋美育"

一、美育概述

（一）美育的定义

美育融合了审美教学与美感教学，旨在通过教育手段提升个体对美的认知、理解、鉴赏以及创造力。在新时代背景下，这成为培养德智体美劳全面发展的社会主义建设者和接班人的关键环节，对于"立德树人"的教育目标发挥着独特的且不可替代的作用。在众多形式中，艺术教育尤为集中地体现了美育的核心价值。

（二）美育的功能

1. 情养性

美育通过调节人的精神世界，促进心理平衡和人格的完善。其方法建立在自觉自愿和潜移默化的基础之上，同时体现了以道德引导欲望的原则。

美好生活离不开"美"的元素。在追求美好生活的旅程中，我们需提升对美的感受、追求和表达能力。作为提升审美素养的关键途径，美育能够增强我们对美的感知，激发生活热情，坚定生活信念，以及鼓舞精神。

2. 性起伪

荀子以"化性起伪"解释人性和文化的生成，从中也体现了美育的功能。

"性"是指人生来就有的自然本质及其功能，"伪"则指在自然本质基础上发展起来的精神形态和能力。经过长期的积累和练习，使得人的本恶的兽性变成了人性。

（三）美育的任务与内容

（1）培养学生正确的审美观点，让他们能够感受、理解并鉴赏美，掌握相关的知识和技能。

（2）通过艺术活动提升学生的技能，发展他们体验美和创造美的能力。

（3）培育学生的心灵美和行为美，让他们在日常生活中能够体现内在美与外在美的和谐统一。

二、"体育与健康＋美育"的理解

（一）"美育"的政策指向

党的十八大以来，美育的普遍性作用和意义得到高度重视。学校美育全面加强和改进，学生审美和人文素养不断提高。美育本质上是全民性的，要以德铸美，以美铸品，就必须加强全民美育。

中共中央办公厅、国务院办公厅印发了《关于全面加强和改进新时代学校美育工作的意见》，并发出通知，要求各地区各部门结合实际认真贯彻落实。以提高学生审美和人文素养为目标，弘扬中华美育精神，以美育人、以美化人、以美培元，将学生培养成为德智体美劳全面发展的社会主义建设者和接班人。

我们要全面贯彻党的教育方针，以立德树人为根本任务，按照《国家中长期教育改革和发展规划纲要（2010—2020年）》的要求，把培育和践行社会主义核心价值观融入学校美育全过程，根植于中华优秀传统文化的深厚土壤，汲取人类文明优秀成果，引领学生树立正确的审美观念，不断提高艺术鉴赏力，陶冶高尚的道德情操，培育深厚的民族情感，激发想象力和创新意识。要正确认识到学校体育工作对全面贯彻党的教育方针、提升青少年素质和展示民族精神风貌的重要意义，坚持把学校体育作为实施素质教育的重要切入口和突破口来抓。坚持健康第一的教育理念，推动青少年文化学习和体育锻炼协调发展，帮助学生在体育锻炼中享受乐趣、增强体质、健全人格、锤炼意志，培养德智体美劳全面发展的社会主义建设者和接班人。

（二）体育与健康课程标准里的"美育"表达

体育是美育的一种形式。它不仅能够促进人体的健美，还能作为一种身体自由协调的活动，为运动者和观赏者带来强烈的审美体验。体育的核心原则涵盖了健康与美丽两个维度，它使人的身体发育得更加健全，骨骼匀称，肌肉丰满，皮肤光润而有弹性，从而促进了人体的美感。通过体育锻炼所塑造的人体形象，与雕塑家所创造的艺术形象有着异曲同工之妙。

在体育运动的过程中，运动者同样能够体验到审美感受。现今，众多体育活动项目，如健美操、音乐体操、花样滑冰、水上芭蕾、体育舞蹈等，几乎将体育与艺术完美融合，不仅具有极高的观赏性，而且参与者本身也能从中获得深刻的审美体验。这种体验首先源于运动中自我实现的满足感，让主体感受到生命力的充分展现与表达，体验到一种自由的状态。此外，运动的节奏感中也蕴含着和谐与自由的美感。这使得运动者在创造外在美的同时，也唤醒了内心的审美体验。

美育的具体表现形式如下。

（1）运动美：通过教授学生正确的运动姿势、动作和技巧，培养学生的运动美感。让学生了解运动中的节奏、力量、柔韧性和协调性等要素，体验运动中的美感。

（2）形体美：通过体育锻炼，塑造学生的体型和肌肉线条，提升学生的身体素质。让学生了解身体形态的重要性，培养学生的形体美感。

（3）精神美：在体育与健康课程中，培养学生的团队精神、协作精神和竞争意识等精神品质。让学生了解体育精神的重要性，培养学生的精神美感。

（4）艺术美：通过教授学生运动中的艺术表现形式，如舞蹈、体操等，让学生了解运动中的艺术美感。让学生体验运动中的音乐、舞蹈和造型等元素，培养他们的艺术美感。

（5）环境美：在体育与健康课程中，注重利用自然环境和社会环境进行锻炼和教学。让学生了解自然环境和社会环境的重要性，培养学生的环境美感。

（三）"体育与健康＋美育"的实施路径

1. 制订明确的融合目标

要明确体育与美育融合的目标，即提高学生的身体素质、审美能力和综合素质。围绕这个目标，制订具体的教学计划和实施方案。

2. 优化课程设置

在体育课程中增加美育内容，如运动美学、体育欣赏等，让学生了解运动中的美感，培养他们的审美能力。同时，也要注重体育课程的多样性和趣味性，激发学生的学习兴趣，例如：推广中华传统体育项目，因地制宜地将武术、摔跤、棋类、射艺、龙舟、毽球、五禽操、舞龙舞狮、陀螺、秋千、霸王鞭等中华传统体育项目引入校园。积极组织开展中华传统体育项目教学、训练和竞赛，并在推广过程中深挖项目特点，鼓励学生以项目式学习的模式，多学科融合来推广和学习中华传统体育项目。

3. 开展实践活动

组织学生参与体育比赛、体育表演等活动，让他们在实践中感受运动的美，提高他们的运动技能和审美能力。同时，也可以通过举办体育文化节、体育知识竞赛等活动，营造浓厚的体育文化氛围。

4. 加强师资培训

加强对体育教师的培训，提高他们的美育意识和教学能力，使他们能够在教学中更好地融合体育与美育。同时，也可以邀请校外专业人员，如德艺双馨的艺术家、为国争光的体育健儿进入校园，对学生进行专业辅导和启蒙教育。

5. 充分利用资源

充分利用校内外资源，如体育场馆、运动器材等，为学生提供更多的体育与美育相结合的学习机会。同时，也可以利用高校专业资源，积极举办中小学美育、体育专业教师培训工作。

6. 建立评价机制

建立科学的评价机制，对体育与美育融合的实施效果进行评估。通过评价结果，及时调整教学计划和实施方案，确保融合工作的有效推进。

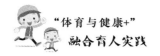
（四）"体育与健康＋美育"在体育课堂教学中的实践解析

水平	学习主题	说明
水平一	闯关王	通过学习基础的行走、奔跑、翻滚和爬行等单一及组合动作，学生能够体验身体各部位的不同变化。将这些基本的身体动作与日常生活场景相结合，并以游戏的形式让学生体验和欣赏各种身体姿态的美感。学生将从多个角度描述身体姿态的美，并积极地展示自己的身体姿态。通过游戏竞赛，学生不仅能够掌握正确的动作技巧，还能培养协调性、敏捷性和速度感，同时激发他们坚持不懈的意志力
水平二	舞蹈家	通过观看韵律操视频，让学生体验到身体动作所展现的美感。结合学生天生的模仿能力和积极参与的特质，教师挑选学生喜爱的音乐和适宜的动作，向学生展示身体的灵活、舒展、柔韧和多样性。引导学生认识身体美的特质，能够指出美的元素，并通过观察来模仿所见的优美动作。在此基础上，学生不仅学会韵律操，还能与音乐完美同步地展示。这样的教学过程旨在培养学生的身体意识、对身体美的认知以及身体控制能力，同时激发他们欣赏美和追求美的内在品质
水平三	篮球秀	篮球比赛不仅让学生展示技巧之美、战术之美、团队合作之美，还教会他们欣赏之美。在比赛的进程中，学生的基础篮球技能和裁判技能得到巩固，篮球技战术能力得到提升。学生能够运用所学的技战术，充分展现篮球运动的独特魅力，从而激发他们对篮球学习的热情，并积极主动地参与比赛和锻炼。此外，篮球赛事还培养了学生欣赏比赛的能力，加深了他们对篮球运动的理解
水平四	铿锵玫瑰	通过观赏女排比赛，学生可以领略到排球场上的坚韧不拔和拼搏精神，从而学习并内化"女排精神"，追求精神上的卓越。在学习过程中，不仅要让学生掌握扎实的排球技能，还要让他们体验团队合作与坚持不懈的美感，同时树立正确的价值观。结合排球的技战术分析，进一步激发学生对排球的兴趣，培养他们持续锻炼的习惯、不屈不挠的毅力以及共患难的品质。此外，还要深入培养学生的爱国主义情怀和奉献精神
水平五	足球联赛	通过精心策划和组织一场足球联赛，我们让学生深入了解足球赛事的编排、宣传和组织的整个流程。在比赛中，我们不仅重视培养学生在传球、射门、控球和团队协作方面的运动美感，还注重提升他们在足球舞蹈、足球操等艺术表现形式上的美感

第八节 "体育与健康＋信息技术"

一、信息技术概述

(一) 信息技术的定义

信息技术是主要用于管理和处理信息所采用的各种技术的总称，是研究如何获取信息、处理信息、传输信息和使用信息的技术。

信息技术是人类在生产斗争和科学实验中积累的，用于认识和改造自然所积累的关于获取信息、传递信息、存储信息、处理信息以及使信息标准化的相关经验、知识、技能。信息技术涵盖了信息处理的全过程，即信息的产生、收集、交换、存储、传输、显示、识别、提取、控制、加工和利用等各个方面。

"信息技术教育"中的"信息技术"，可以从广义、中义和狭义三个维度进行阐释。从广义上讲，信息技术涵盖了所有能充分利用与扩展人类信息处理的各种方法、工具与技能的集合。该定义强调的是从哲学上阐述信息技术与人的本质关系。在中义层面，信息技术是指对信息进行采集、传输、存储、加工、表达的各种技术之和。该定义反映了人们对信息技术功能与过程的普遍认识。而从狭义来看，信息技术特指利用计算机、网络、广播电视等各种硬件设备及软件工具和科学方法，对文本、图像、声音、视频等信息进行获取、加工、存储、传输与应用的综合技术。这一定义强调了信息技术的现代化与高科技属性。

信息技术的特性可以从两个维度来解读：首先，信息技术具备技术领域的普遍特征，即技术性。这包括方法的科学性、工具设备的先进性、技能的熟练性、经验的丰富性、作用过程的迅速性以及功能的高效性等。其次，信息技术区别于其他技术的独特特征，即信息性。具体而言，信息技术的服务对象是信息，其核心功能在于提升信息处理和利用的效率与效益。由于信息本身的特点，信息技术还呈现出普遍性、客观性、相对性、动态性、共享性以及可变换性等特性。

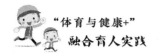

（二）信息技术教育的功能

信息技术课程教学是培养学生信息素养，支持学生终身学习和合作学习的重要手段，是学生学习生活和社会实践的基础工具学科。只有学生都掌握好信息技术的基本知识，才能在以后学习其他学科和与计算机互动时占据主动权。从另一角度来看，这也有助于将学生从网络沉迷和错误的计算机应用观念中引导出来，实现学习与应用的良性循环，从而将玩物丧志转变为学以致用。

现阶段，非信息技术学科的教师们的信息技术水平有待提高，这使得信息技术与这些学科教学的融合尚未充分发挥其促进效果。此外，社会层面（尤其是家长）难以承担对学生进行信息技术教育的责任。因此，在相当长一段时期内，信息技术必修课无疑将成为我国中小学生信息素养和技术素养培育的主要途径。

1. 信息技术教育的价值

（1）信息技术教育的创新价值。在现代社会，计算机的使用日益普及。无论是市场中的数据处理和汇总，教育教学中多媒体的运用，还是生活中的网络应用，都充分彰显了信息技术的实用价值。信息技术教育紧密联系生活实际，直面学生未来的生活实际，致力于在学习过程中培养学生的创造力，扩展学生生活和学习的视野，使他们在未来的工作和学习中能够更深入、更广泛地创造财富，塑造美好的未来。随着课程改革的推进和新课程理念的演变，学科课程的学习更加重视学生创造性思维和思维性品格的培养。因此，课程资源和教育环境需要具备广阔性、综合性、可探究性、亲和性和开放性。传统的课程资源已无法满足现代教学的需求，而信息技术的应用可以提供真实、多样、蕴含问题、跨越时空的情境，通过这些情境进行教学活动，最能激发学生的思维，培养他们的创造性思维和学习能力。现代信息技术不仅具备这样的功能，还能够为构建培养创造性思维的学习环境和学习过程提供有效的技术支持。教师在教学方法、教学设计、学习任务的布置上，因生活空间的广阔而充满创造力，学生也会因为教学内容的生活化、丰富性而让他们的想象力和创造力得到飞跃。

（2）信息技术教育的开放性价值。作为一门实践性极强、富有创造性且具有开放性特点的学科，信息技术教育在教学观念、学生观念、教师行为的转变以及学习方式的变革等方面与其他学科共享诸多共性。其开放性主要体现在教学环境的开放性、师生互动的开放性、学生间合作的开放性、学生与所需信息的开放性，以及与其他课程的开放性互动。在当代社会的发展中，问题处理往往以团队合作为基础。信息技术教育能够更好地发挥分组协作的优势，实现分组教学的深层意义。在信息技术课堂上，可以提供一个开放的环境、开放的信息空间以及开放的人际交流平台。这对于提升学生解决问题和处理问题的能力，以及培养良好的人际关系和健全人格，发挥着不可替代的作用。在其他课程的教学过程中，信息技术与这些课程的整合能够为新型教学过程的构建提供理想的环境。利用信息化手段的多媒体形式，能够最大限度地调动学生的五大感官系统，有效激发学生的学习兴趣。

（3）信息技术的人文价值。信息技术教育的人文价值在于它更全面地体现了新课程理念中的教育民主化、国际化、生活化和个性化。信息技术教育的核心特点在于其在开发和应用过程中，同步实现了人的塑造，即通过人的创造来培养人才。它巧妙地将知识学习与能力提升相结合，将信息交流与智能开发、素质培养相统一，为培养具有创新精神的人才提供了一个理想的学习环境。因此，可以说信息技术教育与教育的人文精神的实现，具有科技发展与人的发展相结合、平衡的积极意义，促进了两者的相互促进。在信息技术教育的人文实践中，教育的人文精神变得更加真实、有效和升华，科技本质上的人文性得到了回归。科技与人文的融合开始从理想走向现实。信息技术教育让学生体验到一个完美的"地球村"，同时感受到信息的广度与复杂性，体验到世界文化的广泛性和魅力，加深了他们对本民族文化的认同、思考和创新，增强了他们的民族自豪感。此外，它也加深了学生对本民族文化危机的认识，增强了他们的民族责任感。回归生活是信息技术课程中一个重要的价值取向，也是新课程改革的核心所在。个人生活和自由的人际交往赋予学生更深刻、更美妙的知识体验。

2. 信息技术教育的意义

（1）信息技术教育具有促进全民素质提高的意义。在全球信息化的影响下，人类已进入信息社会，信息及信息技术的应用日益广泛。提高全民的信息素养有利于提高全民素质。信息素养教育是普及性的教育，其教育的对象是所有自然人，其目的是提高人们的终身学习、接受知识和运用知识解决问题的能力。在我国基础教育普及的今天，在中小学推广信息素养教育显得尤为重要。这不仅有助于青少年信息素养的培养和提升，而且对于新一代的成长具有积极的促进作用。信息素养与传统的读、写、算能力一样，是信息社会人的综合素质的重要组成部分，也是信息时代人类生存不可或缺的基本技能。具有高信息素养的人能够有效地搜寻、评估和利用信息解决问题或做出明智的决策。

（2）信息技术教育具有引发教育变革的意义。现代信息技术是推进现代教育发展和改革的重要技术基础。人类社会的发展过程，就是以科学技术的进步为标志，实质上是一个不断进行信息处理、传播和更新的过程。而每一次信息技术的更新、发展和革命，都必然伴随着相应的以科学技术为标志的社会发展的飞跃，而每次社会发展和飞跃，都必然引发教育上的巨大变革，并推动人类社会向更高级阶段迈进。从原始社会起，人类社会教育的发展，与人类社会的信息技术的进步，在总体上保持同步。信息技术的任何进步，最终都会导致教育领域发生相应的变革。因此，现代信息技术的发展，必然会促使教育向更现代的方向发展和变革。

（3）信息技术教育对于推动人类社会进步具有深远的意义。纵观人类社会的发展历程，信息技术始终扮演着关键角色，科技进步更是成为社会财富增长的主要驱动力。通过创新发明新的生产工具和设备，科技进步不仅增加了劳动对象的数量，还提升了其质量，从而使得劳动者在单位时间内能够创造出更多的新价值，不断累积社会财富，并推动了科技、教育、卫生、体育等社会事业的持续发展。作为一项具有划时代意义的科技进步，信息技术引发了全球性的技术革命。政府管理活动亦在这一技术革命的浪潮中经历了深刻的变革。信息技术从技术层面为政府行为的变革注入了新的活力，这种外部推动力是巨大的。人们所追求的科学决策也在这一推动力的作用下逐步成为现实，科学决策因此成为信息技术推动传统政府决策模式转型的直接成果。

（三）信息技术教育的任务与内容

1. 加快中小学信息课程的建设

教育信息化的蓬勃发展，改变着传统的教学模式、教学方法、教学手段。在新形势下，如何进一步发展中小学教育信息化，这是摆在我们面前的一个重大课题。我们可以从以下方面去进行思考：

（1）提升装备水平。

教育行政部门要加大宣传力度，提高部分行政领导对教育信息化发展重要性的认识，适当增加政府投入，建立薄弱学校补偿机制，解决教育信息化建设资金不足的问题。这样既能缓解学校之间为争夺资金设备而进行的恶性竞争，又可以满足农村学校和欠发达地区学校发展信息化的需求，弥补由于教育信息化投入不公，在学校之间产生的"数字鸿沟"，促进区域内教育的均衡发展，有效防止过多的社会资金进入学校教育信息化建设从而导致的"过度市场化"

现象。

（2）规范信息化建设。

在发展教育信息化的过程中，要全面分析教育信息化发展的内涵，理清教育信息化发展思路、制定科学的教育信息化发展和建设规划，克服信息化建设中存在的原发性、局部性、随意性现象。在教育行政方面，要结合教育发展和信息技术发展的实际，加强在教育信息化建设中的规划设计，规划与建设要立足当前的实际应用，着眼长远的发展，在区域范围内创建信息化硬件和软件的保障条件，有效防止教育信息化建设中"一哄而上"导致"装备时髦，建而不用"现象的发生，有效避免资金和设备的浪费。要加强信息化资源建设，构建学校之间衔接的数字空间，形成统一的教育教学业务系统，以便学校、教师使用。在学校方面，规划要以师生的应用为核心，不断提高教育信息化服务的质和量，增加对教育教学过程的支持。

（3）协商，促进资源共享。

现阶段，各学校均不同程度地建立了自己的教育信息化资源库，目的是实现学校内部资源的共享，高效优化学校教育教学。但学校之间各自为政，一味强调竞争，迫使学校"闭关锁国"，导致教师人力和优质信息化资源的闲置和浪费。因此，教育行政部门要加强教育信息化资源的管理，通过制度建设，促使学校之间建立沟通协商机制，使各学校信息化资源库，对区域内全部学校开放，全面实现学校之间信息化资源库的共享。只有这样，才能实现收益最大化，才能实现学校之间竞争状态的良性循环。

（4）"充电"，提高应用能力。

要从根本上改变传统的教学理念和学习方式，必须强化教师的信息化培训，全面提升教师运用信息技术辅助教学的技能。培训重点应落实在提高教师教育信息化操作能力上，目的明确在提高教师课程整合能力上，最终目的是全面提升教师运用信息技术手段进行课堂教学的综合能力上。

2. 全面启动中小学信息课程的建设

所有学校根据班级数配备配齐硬件设备及上课的教室。学生从3年级开始就应该开设信息技术课程。

3. 提高中小学教师的信息技术含量

通过信息技术2.0技术促使中小学教师的信息技术能力的提升。学校还应该组织一些信息技术的培训活动，根据学科开展不同培训。

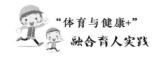
4. 推动信息技术在教学与教育过程中的普遍应用

各学科充分利用信息手段开展教研活动，充分利用好信息化手段辅助教学质量的提升。

二、对"体育与健康＋信息技术"的理解

（一）"信息技术教育"的政策指向

近年来，教育信息化的迅速发展引领了全球教育发展的潮流。随着教育信息技术的不断完善，信息化教育受到前所未有的重视，迫切需要一套完善的政策来推进其进一步发展。为此，政府出台了《教育信息化政策》，旨在促进教育信息化的发展，加速教育现代化的进程。

（1）强化教育资源网络建设政策要求，旨在加强教育资源网络、教育研究网络、教学信息化网络和教育评估网络的建设，构建一个全国性的教育资源网络，从而提高教育信息化的服务能力。

（2）强化技术实施支持政策，加大对教育信息化技术的支持力度，加强教育信息化技术建设，扩大国内外最新、最先进的教育信息化技术的引入规模，确保教育信息化的可靠性和可实施性。

（3）强化信息化教育人才培养的政策导向，全面推进信息化教育人才的培养工作，优化教育信息化人才培养体系，旨在提升教育信息化人才的整体素质。鼓励和支持高校增设相关专业课程，构建现代教育技术应用实践平台，为教育信息化发展提供技术支持和人才储备。

（4）完善教育信息化管理体制，建立并健全审核与维护机制，形成科学的管理模式，有效促进教育信息化的建设和运行。

（5）推进跨境教育信息化活动。通过开展跨境教育信息化活动，促进国际教育信息化的交流与合作。在国际标准体系方面，鼓励教育机构参与国际教育信息化标准的研究，紧跟国际发展趋势，并与国际进行交流合作，以进一步提高教育信息化服务水平及业务技术能力。

（二）体育与健康课程标准里的"信息技术"表达

体育与健康课程标准倡导将信息技术与体育学科教学融合，通过网络技术和多媒体技术将文字、图形、图像、声音、动画等元素综合呈现给学生，激发

学生大脑不同区域的兴奋状态，营造一个思维活跃的学习环境，取得了显著成效。这有助于学生掌握学习和锻炼的技巧，培养健康的意识和生活方式。

体育与健康课程标准对体育与健康学习评价的重视程度不言而喻，然而体育教师在进行学习评价时常常遭遇客观性不足、效率低下、过程缺失、维度单一等问题。课程标准建议"应加强运用现代信息技术进行实时和精准评价"。探索如何利用现代信息技术手段，确保体育与健康学习评价的客观性、时效性、过程性和多样性，是智能体育教学模式的核心。此外，通过 App 可以轻松实现对所有学生体育家庭作业的监测与评价。实现评价的多样性意味着需要将学生的多方面指标纳入评价体系，避免仅限于体能、运动知识与技能的评价维度。大数据技术的"多维"特性为此提供了可能，通过大数据技术可以获取学生的多维数据，分析这些数据与学生学业水平之间的关系，从而全面拓展体育与健康评价的维度。

三、"体育与健康＋信息技术"的实施路径

（一）"体育与健康＋信息技术"的实施策略

在社会持续发展的当下，一切都在经历着不断的更新和进步。体育教学同样需要从传统的模式中解放出来，积极寻求创新与变革。运用现代信息化技术进行教学，其独特优势在于能为学生提供直观的学习材料。通过画像、图片、声音等多媒体技术的综合运用，教学内容变得生动而直观。教学中画面的变换、声音效果的叠加以及动画效果的运用，远远超越了传统讲解示范的效果。利用现代信息化技术，教师可以将难以通过示范清晰展示，学生也难以迅速理解的技术环节，通过慢镜头或定格的方式展现在学生面前。这样的方法有助于学生清晰观察每个技术细节，从而更快、更全面地构建对动作的表象认识，加深对动作的理解。

教师要发挥信息化技术教学的优势，提升运用现代信息技术的基本技能，熟练掌握在线获取和利用体育信息资源的能力。将一些创新的教学方法融入我们的体育课堂，正确且合理地运用这些技术，以实现体育教学的现代化。

（二）"体育与健康＋信息技术"的实施路径

1. 教师要积极转变教学观念

在中小学体育教学的开展过程中，教师扮演着至关重要的角色。为了确保信息技术在教学中的有效运用，关键在于提升教师的信息技术水平，从而显著增强他们的信息技术能力。由于教师在年龄、文化基础和接受能力上存在差异，他们在信息技术的学习和应用上也会表现出不同的水平。因此，加强教师之间的交流与合作，利用网络学习空间查看个人成长记录，有助于清晰地定位个人发展。信息技术应用于教学不应仅限于信息媒体和技术的引入，而应视为教学理念逐步转变的过程，是运用信息视角对教育体系进行深入分析和认识的过程。

2. 教师要运用多媒体技术活化体育课堂

在中小学体育教学的开展过程中，教师利用直观、形象的多媒体技术，努力营造出逼真的教学环境。通过独特的视觉、听觉和动态效果，激发学生的思维活力。例如，针对低年级学生，教师播放体育动画，点燃他们对体育活动的热情。这些动画形式多样、生动有趣，打破了传统教学的框架，不仅创造了积极的情境体验，还满足了学生的心理需求，鼓励他们迅速融入活泼的学习氛围中。对于高年级学生，则要求他们清晰掌握动作细节，构建更为系统化的动作结构。通过暂停、快进等多媒体功能，展示动作的完整性和协调性。多媒体技术的有效运用，将理论知识与多媒体平台紧密结合，提升了师生互动的频率。学生在观看课件时，能够理解动作原理，这对其大脑产生积极的刺激作用。

以篮球教学为例，教师可以先播放视频，展示运动员如何持球、运球，以及投篮前的步数，然后调整视频播放速度，便于学生进行对比和模仿练习。这种新颖有趣的方法能最大限度地激发学生的求知欲，既活跃了课堂气氛，又帮助学生清晰地把握动作的整体方向。通过多媒体技术的引入，对关键动作要点进行细致分析，这是在现实生活中难以实现的。因此，利用多媒体技术进行教学活动，能够最大限度地满足学生的客观学习需求，真正实现中小学体育教学的核心目标，让学生在适宜的具体环境中主动学习体育知识，从而提升中小学体育课堂的教学质量。

3. 教师可以利用信息技术开展体育游戏

在新时代的背景下，我国科技的迅猛发展推动了网络信息技术的巨大进步。教师们现在可以借助信息技术，深入了解学生在体育学习上的进展和成就。我们应不断探索适合课堂使用的新型游戏，避免单一重复传统的体育项目教学，以免引起学生对体育的反感甚至厌倦。通过游戏化教学，信息技术能够有效激发学生的思维和兴趣。兴趣是学习的最佳动力，通过有趣的方式学习知识和技能，学生能更快地掌握并发现其中的乐趣。中小学生天生好奇、活泼好动，利用这些特点，采用创新的教学方法来激发学生的积极性，找到既适合又受学生喜爱的体育游戏，这不仅能丰富课堂教学内容，还能拓展学生的运动技能。

例如，在教学过程中，体育老师可以运用游戏化的方式实现具体教学目标，这是体育教学中常用且有效的手段。信息技术的融入，使得这一方法更加生动和有效，尤其在中小学生的体育教学中发挥了重要作用。我们应当努力激发和维持学生的兴趣爱好，改变传统的教学模式和单一的学习方法，从而创造一个全新的学习环境。此外，教师还应深入了解学生，与学生建立良好的关系，以便真实地掌握学生对体育课的满意度和评价。根据班级学生的喜好，设计具有特色的体育运动游戏，并通过互联网及参加经验交流会，与全国的优秀教师进行交流学习，从而在分享与互动中不断进步。

4. 利用信息技术激发学习兴趣

兴趣是激发学习热情的最强动力。学生们天生热爱体育课，而信息技术的融入进一步点燃了他们对体育学习的热情。现代信息技术的教学手段生动、多样，突破了传统教学模式的局限，它不仅符合青少年的心理特点，还能创造更加生动的情境和体验。这些方法能够有效地吸引并保持学生的注意力和兴趣，从而激发他们的学习热情，调动学习积极性。教育心理学的研究表明，理解的兴趣是学习动机中最现实、最活跃的因素。在兴趣的驱动下，学生往往能迅速而牢固地掌握知识。现代信息技术的辅助教学能够显著提高课堂容量，增加信息密度，提升教学效率，丰富学生的学习内容。通过计算机功能，我能在课堂上展示与教学内容相关的多媒体信息，如图像、声音和文字，为学生提供新奇的刺激，进一步激发他们的学习兴趣。

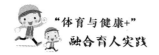

在讲解快速跑的动作要领时，教师可以让学生观看一些精选的资料和图片，例如我国110米跨栏名将刘翔在奥运会上夺冠的精彩瞬间，这不仅培养了学生的爱国情感，也激发了他们练习的兴趣。通过相关课件中的动画效果，学生能够了解动作的生理原理，包括在摆臂过程中，肩关节、肘关节、腕关节的最佳运动角度，以及为何这样的角度才是最佳选择，它们在整个跑动技术中所起的作用。当学生理解了动作的原理，他们就能够主动地去理解和体会我的动作讲解，而不仅仅是机械模仿。这样，他们的体位感觉水平也会得到提升，整个技术动作的学习质量将得到显著提高。

5. 结合信息技术实施精准评价

义务教育和普通高中的体育与健康课程标准都高度重视体育与健康学习评价，然而体育教师在进行学习评价时常常遭遇客观性不足、效率低下、过程缺失、维度单一等实际挑战。课程标准建议"应加强运用现代信息技术进行实时和精准评价"。如何利用现代信息技术手段，确保体育与健康学习评价的客观性、时效性、过程性和多样性，是智能体育教学模式的核心问题。提高评价的客观性，意味着必须减少传统体育与健康教学中主观评价的比重，尽可能利用客观设备来获取量化的评价结果。物联网的"万物互联"特性为此提供了潜在解决方案，通过物联网技术和遍布的传感器，可以实时且精确地获取学生的各项指标量化评价数据。

例如，可穿戴设备能够实时捕捉学生在体育与健康实践课中的运动强度、运动时间、运动距离、运动密度等关键数据。提高评价的效率性，意味着需要淘汰一对一的评价方式，转而实现对所有学生在同一时间进行评价。人工智能技术中的"智能教师"提供了这样的可能性，借助"智能教师"，可以同时对所有学生进行评价。例如，智能体育家庭作业系统可以替代教师的角色，通过App即可实现对所有学生体育家庭作业的监测与评价。强调评价的过程性，则意味着需要记录学生整个学习过程的数据，而不仅仅是最终结果，人工智能技术中的"学习画像"为此提供了可能。"学习画像"能够基于学生学习的全过程数据绘制出学生的学习过程画像，分析结果能够全面反映学生在各个学习阶段的表现。

（三）"体育与健康＋信息技术"在体育课堂教学中的实践解析

水平	学习主题	说明
水平一	篮球小精灵	通过展示引人入胜的多媒体内容，我们能够激发学生的学习兴趣和提升他们的学习意识。在欣赏这些内容的同时，学生们也得到了启发。本节课的核心目标是让篮球小精灵的形象深植于学生的记忆之中。在这一过程中，学生们还能相互交流，借鉴彼此的优点，通过交流不断优化和深化自己的理解
水平二	我是小科比	在体育与健康课程中，学习篮球的进攻和防守策略时，可以借助数字学习应用程序，如"篮球之路"或"NBA 2K"，这些应用可从智能手机或平板电脑下载。它们不仅展示了篮球的进攻和防守策略，还提供了执行这些策略的详细指导。 在课堂上，教师可利用数字白板或互动智能板展示篮球进攻和防守策略的动态图像，帮助学生更清晰地理解这些策略的各个层面学生亦可利用数字设备记录和分享他们的学习进展。例如，他们可以录制自己的练习片段，并通过社交媒体进行分享，让他人见证他们的成长
水平三	机器人教练	掌握田径运动的基础技巧与规则，可以通过使用数字学习应用程序，如"跑步教练"或"田径之星"，这些应用可从智能手机或平板电脑下载。这些应用程序展示了田径运动的基础技巧与规则，并提供了执行这些技巧的指导。在课堂上，教师可利用数字白板或互动智能板展示田径运动基础技巧与规则的动态图像，帮助学生更清晰地理解这些技巧的细节。学生亦可利用数字设备记录和分享他们的学习进展。例如，他们可以记录自己的练习成绩，并通过社交媒体分享，让他人见证他们的进步。同时，他们还可以通过相关应用程序与同学或教师交流心得
水平四	长途奔袭，火速增援	学生们通过平板电脑在地图上寻找最佳路线，利用网络资源深入了解某次边境冲突的场景。通过音频模拟，他们仿佛亲临其境地进行实战演练，激发想象力，在不同的地形地貌中合理分配体力，掌握耐久跑的呼吸节奏，并通过团结协作，共同合作完成课程任务
水平五	借助网络，认识定向运动	学生们在课前通过网络学习定向运动的相关知识、技能和方法。在课堂上，教师借助精美且直观的PPT展示任务、比赛地图和路线等信息。利用信息技术，学生们能够更直观地掌握定向运动的体系和流程，这极大地便利了教学过程

第三章 "体育与健康＋N"跨学科融合主题学习

第一节 "体育与健康＋N"跨学科融合主题学习的基本概念

一、"体育与健康＋N"跨学科融合主题学习的定义

2022 年版新课程标准（课程方案）明确提出："聚焦中国学生发展核心素养，培养学生适应未来发展的正确价值观、必备品格和关键能力，引导学生明确人生发展方向，成长为德智体美劳全面发展的社会主义建设者和接班人。"由此我们可以看出：五育融合是习近平总书记在新时代对学校教育提出的一个重大现实课题。这意味着，德智体美劳全面培养不仅需要确立五育并重的理念，而且需要确立五育融合的理念。这也是我们为什么提出"体育与健康＋N"跨学科融合主题学习根本原因。

以往的体育课程教学中往往侧重于单一学习知识或某项技术，且大部分时候是教师向学生的单向输出。这导致了运动能力、健康行为、体育品德等体育学科核心素养在学生身上呈现为相对孤立、分散、零散的状态。之所以强调五育融合，最根本原因和价值追求在于更好地解决人的全面发展问题。促进人的全面发展需要全面的教育，需要构建真正具有整体性的教育活动。简而言之，"以整体的教育培养整体的人"是五育融合育人的逻辑原点与根本途径。

因此，"体育与健康＋N"跨学科融合主题学习是在"五育融合"理念指导下，以体育为核心载体，将其他学科的核心素养与体育课程教学相结合，通过主题活动的形式组织体育课程教学。这不仅让学生在学习知识技能的同时，培养运动能力、健康行为、体育品德等综合素养，而且实现了教学内容、教学

方法、教学评价的全面融合。其核心在于"一课多学""一课多练"。这不仅是课程改革的积极尝试，也符合课程标准中对体育与健康学科核心素养培养的基本要求。

二、"体育与健康＋N"跨学科融合主题学习的内涵

"五育融合"的理念倡导我们不能仅局限于用单一或几个学科的核心素养来解决问题，而是应将个体作为一个整体进行考量。人的整体性是教育哲学中最基本也是最核心的原则之一。因此，我们可以看出，体育与健康＋1侧重于与某一个学科的融合，注重学生的全面发展。相对地，体育与健康＋N则是从更广阔的视角出发，侧重于多个要素的融合，致力于促进学生的整体成长。

N的概念可以从三个维度来阐述：一是教育教学要素的总和，主要包括教学目标、教学内容、教学环境、教学方式、教学评价等五个基本要素；二是学科核心素养的总和，主要是指学生在接受教育过程中所形成的适应个人终身发展和社会发展需要的必备品格和关键能力；三是不同的融合路径，可以是一种融合方式，也可以是多种融合方式。"体育与健康＋N"跨学科融合主题学习通过各种资源的整合，将学科知识与学生的生活经验、社会实践、文化传承等有机结合起来，将不同学科的核心素养融入学习内容之中。在真实的情境下，学生通过探究与合作，不仅获得知识、形成技能，还能学会方法、发展思维，并最终提升个人素养。

从以上三个维度来看，"体育与健康＋N"跨学科融合主题学习意味着将N个要素进行整合，以学生为本，从五个基本要素出发，将其他学科的核心素养融入学习过程中，以培养学生的必备品格和关键能力。"体育与健康＋N"跨学科融合主题学习以学校为核心，以学科为基础，以学生为中心，通过融合不同的教育教学要素以及各学科的核心素养，围绕主题学习的目标，充分激发各类教育资源的潜力，综合运用多样化的教学方法和手段，在教师指导下，让学生在自主探究、合作交流的活动中，以跨学科的视角获取知识、掌握技能、习得方法、发展思维和提升素养。

三、"体育与健康＋N"跨学科融合主题学习的"N"在不同维度中的理解

（一）教育教学要素维度中的"N"

在"体育与健康＋N"跨学科融合主题学习中，教学目标、教学内容、教学方法、教学环境和教学评价构成了五个关键要素。教学目标涉及教师在教学过程中期望学生达成的具体目标，例如掌握体育与健康知识、运动技能和方法，或培养良好的体育品德。这些目标的设定基于学校体育教育的实践需求，是教师规划课堂内容、组织教学流程和进行课堂评价的关键依据。教学内容则涉及教师根据教材和学生情况分析后，决定学生应学习的内容以及如何将其他学科的核心素养融入体育教学中。教学内容的选择是教师依据教材和学情分析，有目的地、计划性地、逐步地进行教学活动，旨在服务于教学目标。教学环境涵盖了在"体育与健康＋N"主题学习中，教师组织体育活动所需的所有物质条件，包括场地器材、运动负荷和运动氛围等。它包括教室内的学习环境、教室外的学习环境和教师的教学环境三个主要方面。其中，教室内的学习环境涉及学生和教师所需器材、场地和设备；教室外的学习环境则包括室外运动所需的器械和场地。教学方法关注的是"体育与健康＋N"主题学习中教师的教授方式和学生的学法。教师的教授方式侧重于根据体育与健康学科核心素养的要求，结合学生实际情况，设定教学目标、选择教学评价方法，引导学生有目的地学习。学生的学法则强调合作学习、探究学习和自主学习。教学方式是教师和学生共同参与的过程，教师的教学体现了其教育水平，而学生的学习则反映了他们的学习能力。两者在特定教育理念的指导下相互作用、相互促进，共同促进学生的全面发展。教学评价涉及"体育与健康＋N"主题学习中的各种评价因素，包括教师对学生的评价、教师对教学效果的评价以及学生对学习成果的评价等。

（二）学科核心素养维度中的"N"

运动能力、健康行为、体育品德是体育学科的核心素养。不仅是体育与健康课堂中的重要教学目标，也是体育与健康课堂教学中的重要评价指标。在"体育与健康＋N"跨学科融合主题学习中，学生首先需要通过多种方式达成运动能力、健康行为和体育品德素养的养成，其次，因为"体育与健康＋N"

中的"N"，这样的教学形式所包含的素养又不仅仅局限于体育学科的核心素养。它还应当包括其他素养，如审美素养、人文素养、科学素养、实践能力、创新精神等。

在这里我们可以看出，"体育与健康＋N"跨学科融合主题学习不仅仅是将某一学科的知识融合到体育与健康课堂中来，更是将不同学科的知识进行融合运用，形成以学生为中心的知识结构，来培养学生的核心素养。这种知识结构不同于传统教学中所形成的学科知识结构，而是一种跨学科的、融合的、综合性学习的课程内容结构。"体育与健康＋N"跨学科融合主题学习将体育与健康课程中所涉及的相关的其他学科知识进行了有机整合，在一定程度上打破了学科之间的壁垒，形成了以学生为中心、以学科为基础、以项目为载体、以问题为导向、以探究为主线、以应用为目的的跨学科融合学习模式。

"体育与健康＋N"跨学科融合主题学习也不是简单的学科组合，而是不同学科知识的有机融合。因为体育与健康学科本身具有综合性的特点，既包含了物理、化学、生物等基础学科知识，又包含了与体育与健康相关的运动科学、运动生理学等科知识。因此，"体育与健康＋N"跨学科融合主题学习可以将这些基础学科知识有机融合在一起，以达到更好地促进学生发展的目的。"体育与健康＋N"跨学科融合主题学习在具体实施过程中还可以借鉴其他学科的经验，如数学中的概率与统计、地理中的地形地貌等，以提高"体育与健康＋N"跨学科融合主题学习的有效性。

"体育与健康＋N"跨学科融合主题学习是跨学科之间的融合，是知识之间的融合，更是教学目标、教学内容、教学方法、教学评价等各个方面的有机融合。同时，"体育与健康＋N"跨学科融合主题学习还是跨界、跨时空的融合，是教师在教中的跨界，学生在学中的跨界。因此，"体育与健康＋N"跨学科融合主题学习既是学科间的交叉和整合，又是知识之间的整合与运用，更是不同素养间的有机融合。

（三）不同融合路径中的"N"

"体育与健康＋N"跨学科融合主题学习不仅是学科学习，还是生活实践，如在社会体育活动中通过模拟实践来学习等，这是"体育与健康＋N"跨学科融合主题学习与生活实践相结合的一个方面。因此，在不同融合路径中，"N"既可以代表2个及2个以上的学科融合，也可以是生活实践的融合，还可以是学科学习和真实生活实践的融合。在"体育与健康＋N"跨学科融合主题学习中，教师要根据不同的课程内容，结合学生的年龄特点、学习习惯和学习方式

等，采取不同的教学方法和评价方式，引导学生开展合作学习、探究学习等。同样，"体育与健康+N"跨学科融合主题学习还可以通过模拟实践来完成，这是主题学习的另一个重要特点。通过模拟实践来学习，学生既可以更好地了解相关体育知识，又可以在实践中体会到相关体育技能。例如，在"篮球""足球"的教学中，教师可以带领学生通过模拟篮球比赛、足球比赛等来学习相关体育知识。通过模拟比赛，学生不仅可以更好地熟练掌握相关体育技能，还可以在比赛实践中学习相关体育知识。

第二节 "体育与健康+N"跨学科
融合主题学习的意义和价值

一、"体育与健康+N"跨学科融合主题学习突破了育人的理念边界

"体育与健康+N"跨学科融合主题学习是培养全面发展的人的需要，有利于人的全面发展。人的全面发展是我国教育方针的理论基石，也是现代教育的共同追求。

"体育与健康+N"跨学科融合主题学习作为一种育人理念，一种育人价值主张，突破了单个学科较为独立育人的理念边界，实现了整体、融合、协调育人，发展了学生的核心素养。表面上看，它实现了对"五育"之间边界的融合，在更深层次体现了现代人素质的提升。这种理念不仅强调了本体价值的重要性，还追求了延伸价值的实现，它超越了个人主义，促进了社群主义的发展；超越了单边主体性，实现了交互主体性的提升。

（一）对全面发展的人的整体关注，尽显教育的人性化

党的十八大和十八届三中全会提出要将立德树人的要求落到实处。2014年，教育部印发《关于全面深化课程改革落实立德树人根本任务的意见》，提出"各学段学生发展核心素养体系，明确学生应具备的适应终身发展和社会发展需要的必备品格和关键能力"。2016年，《中国学生发展核心素养》提出了"全面发展的人"的必备品格和关键能力。2022年版新课程标准从系统论的"整体原理"出发，体现了对学生核心素养的落实要求，体现了课程标准开始

转向对整体的人的关注。

（二）对学生个体学习差异的关注，彰显教育的个性化

核心素养导向下的教学让学生能从自己的兴趣爱好出发进行体育学习，体现了"生本教育"的理念，确保学生能够最大限度地基于自己的爱好进行学习，同时最大限度地保持了学生的学习兴趣和效果。核心素养导向下的教学真正做到了"因材施教"，避免了统一教学中容易产生的"优生吃不饱，差生吃不消"问题。此外，它还体现了"分层教学"等教育理念，教师"针对不同身体条件、运动基础和兴趣爱好的学生因材施教；提出不同的学习目标，选择适宜的教学内容，采用多样的教学方法与学习评价方式，为学生创造公平的学习机会"，最大限度地保障教育的质量和效益，确保每一位学生都能从中受益。

（三）对学生终身体育能力的关注，凸显教育的科学化

核心素养导向下的教学避免了教学内容低级重复和浅尝辄止，解决了在不同年级和学段之间衔接不畅的问题，实现了从"单科教学"向"学科融合"的转变。这种教学模式避免过分强调技术学习，忽视思维激活和情感激发，从而克服了课堂氛围不活跃、学习效果不佳等问题，实现了"育体"向"育人"的转变。核心素养导向下的选项教学、大单元教学、大概念教学强调了课程教学要遵循学生身体、心理、思维的普遍规律，关注全体学生在体育与健康方面的深度学习，构建终身体育能力。不同类别的"选项教学"又促使学生全面理解各种运动休闲方式，并在真实的体育活动中战略性地应用技能和概念，加深理解并丰富能力。例如，自信地选择个人和团队项目学习，形成良好的自我效能感，培养成熟的表现，增强参与特定体育活动的体验，提高应用性学习在体育活动中的效果。"大单元教学"强调在真实体育活动环境中培养学生的应用能力，促进学生未来学习和参与有组织的竞争性体育活动，在积极、健康的生活方式中提升可持续发展能力，从而享受终身体育带来益处。

（四）关注真实世界，回归生活情境，实现真实成长

课程设计应看重于生态意识、跨文化理解和跨学科知识的融合，支持学生获取和创造知识，同时培养他们的批判性思维和应用知识的能力。多学科融合主题学习，是从学生的真实生活和发展需要出发，从生活情境中发现问题，通过探究、体验、服务等方式，培养学生的综合素养。因此，我们要"面向学生完整的生活世界，引导学生从日常学习生活、社会生活或与大自然接触中提出

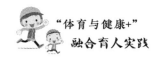

具有教育意义的活动主题"，让学生回归生活逻辑，通过关于自我、社会、自然的真实体验，建立起学习与生活的紧密联系。

二、"体育与健康＋N"跨学科融合主题学习突破了育人的方法边界

教育的核心议题涉及培养何种人才、为谁培养以及如何培养的问题，这些问题决定了教育的本质、方向、目标和方法。在明确了"培养什么样的人才"之后，"如何培养人才"成为迫切需要解答的问题。每个学科都有其独特的教学方法和路径，体育与健康学科通过"体育与健康＋"模式，是实现与其他教育领域有效结合、全面培养人才的途径之一。

"五育并举"要求我们辩证地处理"德、智、体、美、劳"这五个方面的关系，推动它们之间的相互融合，以实现全面的教育目标。"五育并举"强调"德、智、体、美、劳"五育的不可或缺，倡导教育的整体性和完整性；而"五育融合"则更侧重于实践和实施的方式，致力于在融合中实现"五育并举"的目标。"并"与"融"体现了理想与实践、目标与策略之间的对应关系。"体育与健康＋N"跨学科融合主题学习，以"体育与健康"学科为核心，融合其他四育的内容，通过以学生为中心的学习方式（如合作学习、项目学习、探究学习等）和多元化的评价体系（包括过程性评价、增值性评价、终结性评价和综合性评价），使每位学生都能体验到成长的快乐，并实现全面发展与个性化成长。

三、"体育与健康＋N"跨学科融合主题学习突破了育人的价值和话语边界

社会的发展首先是人的全面发展，而人的全面发展是德智体美劳和谐发展的综合体现。"体育与健康＋N"跨学科融合主题学习，实现了育人目标与新时代教育事业和社会发展需求的精准对接。"体育与健康＋N"跨学科融合主题学习，以"体育与健康"学科为纽带，通过课程融合、学科融合、方法融合、知识融合、价值融合，实现了"五育"的真正渗透，有效地解决了"五育缺失"和"五唯"的痼疾问题，建构了培养全面发展的人的教育体系，培养适应社会发展的人格健全的时代新人，培养肩负实现"中国梦"伟大事业的全程参与者和全力推动者。

第三节 "体育与健康＋N"跨学科融合主题学习的实施策略

一、聚焦核心素养，确定学习主题

核心素养是指学生在接受教育过程中逐步形成的正确价值观念、必备品格和关键能力，这些素养是学生通过课程学习逐步形成的。在"体育与健康＋N"跨学科融合主题学习中，核心素养构成了主题学习的"灵魂"，是教学过程中的主线。"体育与健康＋N"跨学科融合主题学习主要聚焦学生在体育学习过程中所形成的文化价值观念、必备品格和关键能力，深入挖掘与核心素养相对应的内容与主题，设计跨学科融合的主题活动，促进学生的全面发展。在确定"体育与健康＋N"跨学科融合主题学习主题时，首先要明确"体育与健康＋N"跨学科融合主题学习是要培养学生的哪些素养？如何培养？以及"体育与健康＋N"跨学科融合主题学习的核心素养有哪些？

一是要明确学生在体育学习过程中形成的正确价值观、必备品格和关键能力，如文化自信、爱国情怀、生命健康意识、合作精神、责任担当等；二是要明确"体育与健康＋N"跨学科融合主题学习的主要内容是什么，如文化知识（健康知识）、运动技能（体育技能）、学科素养（科学素养）等；三是要明确学生在"体育与健康＋N"跨学科融合主题学习中要解决什么问题，解决这些问题需要哪些能力？例如如何分析问题，如何寻找解决问题的方法等。

在确定"体育与健康＋N"跨学科融合主题学习时，要聚焦核心素养，可以结合不同课程的内容特点、课时安排等情况，从学生的角度出发，围绕核心素养确定学习主题，明确学习的目标、内容和方法。例如，在以"健康知识"为主题确定"体育与健康＋N"跨学科融合主题学习时，可以结合不同年级、不同学段学生的身体和心理发展特点，选择学生都能够接受且愿意参与的体育活动和运动项目，以身体活动为基础，选择与"健康知识"相关的内容进行设计。

二、依据学习主题，合理选择课程内容

在开展"体育与健康＋N"跨学科融合主题学习时，应结合学习主题，合理选择课程内容，注重内容的全面性、适配性和递进性，让学生在亲身参与活动中获得知识、技能和情感体验，促进学生在真实情境中解决问题、运用知识与技能。

《义务教育体育与健康课程标准（2022 年版）》在课程内容选择上提出了"基础知识与基本技能、技战术运用、体能、展示或比赛、规则与裁判方法、观赏与评价"六个方面的学习目标。这就要求体育教师在跨学科融合主题学习时，应将六个方面的目标整合成一个完整的学习任务，而不是简单地将六个方面的内容分散到不同的课时里。例如：在进行"体育与健康＋N"跨学科融合主题学习时，可以结合学校特色和地方文化，设计一些以体育为主题的地方课程，如"美丽乡村"主题课程。通过学前调查，了解学生对"美丽乡村"的认知，了解学生在"美丽乡村"中对体育的需求和期望。根据学生在"美丽乡村"中对体育的需求和期望，确定学习主题。再结合当地特色和文化资源，设计与当地特色相适应的体育项目，让学生通过自主设计、合作学习、实践探索等形式来进行学习，了解"美丽乡村"中对体育的需求和期望，并将其融入学校体育中去。

三、丰富评价方式，建立多元评价体系

"体育与健康＋N"跨学科融合主题学习的评价方式是多样的，在体育教学中教师可根据不同学科和不同年级的学生情况，采取多样化的评价方式，构建多元化评价体系。具体可以从以下五个方面进行评价：一是学生个体表现评价，即在体育课程的日常教学中，教师运用观察、记录、访谈等方式，了解学生在某一节课中的运动参与度、运动技能掌握情况等；二是小组合作学习表现评价，即在体育课程的日常教学中，教师运用小组合作的方式，培养学生的合作能力；三是体育课程内容表现评价，即在体育课程的日常教学中，教师运用观察，了解学生对体育课程内容的掌握情况；四是体育课程情感态度表现评价，即在体育课程的日常教学中，教师运用语言、行为等方式，引导学生树立体育锻炼意识；五是体育课程能力表现评价，即在体育课程的日常教学中，教师运用观察、访谈、记录等方式，了解学生在某一阶段的运动能力。教师在实

际教学中可结合"体育与健康＋N"跨学科融合主题学习内容，采用多样化的评价方式，如形成性评价、终结性评价等多种方式进行综合评定，从而全面客观地反映学生的学习情况和发展水平。

第四节 主题示例

主题示例 1 我和地球

"我和地球"多要素主题示例以教学五要素作为跨学科融合点，包括教学目标、教学内容、教学环境、教学方法和教学评价，以此形成"环保达人""探索自然奥秘"和"争做环境科学家，寻找地球可持续发展途径"三学段的跨学科学习主题。

学段	学习主题	说明
小学	环保达人	目标：通过参与环保活动，让学生了解环境问题的严重性，激发他们主动关心和保护环境的意识，培养团队合作精神和创新思维能力 内容：通过开展校园定向越野形式设计垃圾分类的场景 环境：校园内的自然环境和公共场所、教室、实验室等学校内部环境 方式：参与环保活动，如垃圾分类、植树造林等；小组合作、创意小制作等方式 评价：学生参与环保活动和团队合作的情况，环保知识掌握情况等进行评价
初中	探索自然奥秘	目标：培养学生对地理知识的理解和应用能力，增强环保意识和责任感，提高团队合作和解决问题的能力 内容：通过登山、徒步、定向越野等形式结合地形、地貌、气候等进行观察并记录地理环境特征，从而培养环保意识 环境：学校校园、附近的公园、自然保护区等地理环境，教室、实验室等学校内部环境 方式：课堂教学、实地考察、小组合作、宣传活动等方式 评价：从学生的地理知识掌握情况、环保意识和责任感的培养、团队合作和解决问题的能力等方面进行评价，鼓励学生积极参与和负责任的态度

学段	学习主题	说明
高中	争做环境科学家，寻找地球可持续发展途径	目标：培养学生地理科学研究和综合应用能力，增强可持续发展意识和全球视野，培养创新思维和解决实际问题的能力 内容：地理科学的研究和应用，如地质、气候变化等；定向越野活动，观察和记录地理环境特征；可持续发展意识的培养和宣传等 环境：学校校园、附近的公园、自然保护区等地理环境；教室、实验室等学校内部环境 方式：课堂教学、实地考察、小组合作、研究报告等方式 评价：对学生的地理科学研究和综合应用能力、可持续发展意识和全球视野的培养、创新思维和解决实际问题的能力等进行评价，鼓励学生的独立思考和创新能力

主题示例2 运动中的"智慧"

以培养"全面发展的人"为核心，分为人文底蕴、科学精神、学会学习、健康生活、责任担当、实践创新六大素养。以运动与艺术的融合、运动与科学的融合、运动与社会的互动为主题将运动与其他学科或领域进行融合，以培养学生的人文底蕴、科学精神、学会学习、健康生活、责任担当、实践创新等素养。通过将体育与艺术、科学和社会科学相结合，促进学生的核心素养落地。

学段	学习主题	说明
小学	艺术中的"创造"	目标：通过体育和艺术的结合，培养学生的创造力和表达能力 内容：学生将学习不同体育项目的规则和技巧，并用语言艺术的方式写一篇关于该项目的短文。同时，学生还可以通过绘画、雕塑等形式，表达他们对体育项目的理解和感受 环境：学生可以在体育场地和艺术工作室进行实践和创作 方式：教师将组织体育项目的学习和实践活动，并引导学生进行艺术创作。学生可以个人或小组合作完成任务 评价：教师将评价学生对体育项目的理解和技能掌握，并评估学生的艺术作品和表达能力

续表

学段	学习主题	说明
初中	科学中"可靠的数据"	目标：通过体育和科学的融合，培养学生的科学思维和问题解决能力 内容：学生将研究身体运动的生理原理，了解运动对身体的影响和效果。通过测量和数据分析，学生可以研究运动员的成绩和表现，探索运动和数学的关系。同时，学生还可以使用技术工具和设备，记录和分析运动数据，提出改进和优化的建议 环境：学生可以在实验室、体育场地和计算机室进行实践和研究 方式：教师将组织实验和观察活动，引导学生进行数据收集和分析。学生可个人或小组合作完成实验和报告 评价：教师将评价学生对运动科学的理解和应用能力，并评估学生的实验报告和数据分析能力
高中	社会的"全球"	目标：通过体育和社会科学的互动，培养学生的社会意识和全球视野 内容：学生将研究体育在不同社会和文化背景中的作用和影响，探讨体育与社会问题的关系。同时，学生还可以研究不同地区和国家的体育文化和体育产业，了解体育在全球范围内的发展和影响。此外，学生还将研究体育产业的经济模式和商业运作，分析体育经济对社会和国家的影响。通过研究体育与政治的关系，学生还可以探讨体育政策和体育外交的作用和影响 环境：学生可以在图书馆、实地考察和互联网上进行研究和调查 方式：教师引导学生进行研究和讨论，组织实地考察和专题报告。学生可以个人或小组合作完成研究和报告 评价：教师将评价学生对体育与社会的理解和分析能力，并评估学生的研究报告和讨论能力

主题示例3　我与奥运同行——体育融合奥林匹克价值观教育

　　以"五育融合、全面育人"的主导思想，结合小学体育课堂融入奥林匹克文化，促进学生身心精神均衡发展，使学生学习奥运知识与精神。

学段	学习主题	说明
小学	我与奥运同行——体育融合奥林匹克价值观教育	目标：以奥林匹克文化为教育主题，以"卓越、尊重、友谊"奥林匹克核心价值为教育内容，促进身心精神均衡发展为教育目标，开展跨学科跨课程的教育活动 内容：通过运动项目的训练和竞赛，提高学生的运动技能，学生建立"自尊、自信、自强"的品格，促进学生的身心和谐发展，使奥运精神渗透到学生追求真善美的自觉行动中，让学生在实践中感受奥林匹克教育 开展"奥运有我更精彩"主题实践活动，通过绘画、书法、手工等各种形式，展现运动魅力，诠释奥林匹克精神，学习奥运知识，推动学生对冰雪运动的热爱 环境：根据现有条件创造性地改变形式和内容；体育教师加强对奥林匹克文化的理解，校园内多建设奥林匹克文化角，学生可以在学校随时随地学习和感知奥林匹克知识；奥林匹克价值观教育具有跨学科、跨课程性，奥林匹克文化应涵盖不同领域方面的内容，创设丰富多彩的奥林匹克文化环境。通过各种形式，加强奥运氛围的营造，促进学生在奥林匹克教育的熏陶下健康成长 方式：课堂教学的融入；课外体育活动的融入；课余体育训练与竞赛的融入 评价：向学生提问学习、运动、日常生活中能与奥运联系到的知识

主题示例 4 破解运动的"密码"——水平四实心球融合物理

通过实心球，使学生身体力行地学习物理的力学等知识，经过学、练、思等步骤实现理论指导实践的举一反三。

学段	学习主题	说明
初中	破解运动的"密码"——水平四实心球融合物理	目标：把体育与物理学科部分知识有机整合到一个单位课时内进行教学，改变原有的单一学科教学局面，使课堂教学更加丰富，更加符合学生的学习需要。打破学科壁垒，能够直观促进学生综合运用跨学科知识来解决现实问题，有利于培养学生的实践与创新能力 内容：增加实心球投掷远度 环境：以学生熟悉的投掷比赛导入摩擦力的概念，从学生已知的力的三要素入手，分析投掷远度的影响因素。一能激发学生学习兴趣，增强后续斜抛物体的学习动力；二能借实践动手操作，巩固力的三要素知识，增强体育运动中的物理学意识和实验能力 方式：自然而然地有机融合，围绕主题展开教学，带动课程的综合化实施，促进实践能力和知识的运用。融合教学促进学生全面发展，提升学生核心素养的作用 评价：根据相关体育知识提问、检查相关物理学知识

主题示例5 德才兼备——水平五排球教学融合德育

中国女排精神是最能体现爱国主义情怀、责任心、团队合作等德育素质的体育精神之一，在排球教学中以分级指标的形式融合以上德育元素，使学生在排球学练赛中将学生的道德认知融于德育实践，在实践中强化道德认知。

学段	学习主题	说明
高中	德才兼备——水平五排球教学融合德育	目标：以排球教学为主线，穿插德育元素： （1）塑造和培育爱国的基本价值，使学生具有高尚的爱国主义情怀，增强国家和民族自豪感，促进对祖国的热爱和认同 （2）促进文化自信，增进学生对中华体育文化的认知、传承，使其具有良好的创新意识 （3）培养勇于担当、敢于负责的良好的社会责任感，促进学生诚实守信，自觉遵守法律和纪律，塑造友善互助的价值观，乐于助人 （4）通过参加体育活动，使学生具备良好的团队合作精神，养成自我超越、顽强拼搏的良好意志品质，使学生身心得到和谐、全面发展 内容：组织教学训练比赛等，与德育元素融合；4个一级指标即国家认同、文化自信、社会责任、健康人格；12个二级指标，分别为爱国奉献、国家荣誉、民族精神、文化认知、文化传承、文化创新、诚实守信、遵纪守法、友善互助、健康身心、团队精神、意志品质等 环境：（1）结合各种偶发事件如学生受伤、同学之间的冲突等，及时对学生进行道德教育 （2）在教学比赛中进行规则教育，培养学生遵守规则的意识；通过课堂常规教育，学生养成良好的行为习惯，发展学生的自制力 （3）对那些体育学习困难的学生进行鼓励，增强其自信；根据教材的特点，以德育因素对学生进行有目的的教育；教师以自身榜样示范激励学生；营造良好的教学环境氛围以激发学生体育学习的内在动力等 有效利用这些契机，将学生的道德认知融于德育实践，在实践中强化道德认知

学段	学习主题	说明
高中	德才兼备——水平五排球教学融合德育	方式：（1）合理确定体育德育融合的课堂教学目标，参照学科融合的内容分类和学科融合的课程教学内容进行总体设想 （2）在教学方法的选择上可采取提问、创设情境、课堂讨论、小组合作学习等形式，有效激发学生的学习兴趣。 （3）教学手段可采用多媒体、影视、网络等综合手段，使学生的各种感知觉系统能有效参与到教学过程之中 （4）对每次教学进行全程摄像记录，对教学的方法、手段、效果等进行反思、总结，发现问题，并采取有效措施，以利于下一次课堂教学设计的修正，不断提升课堂教学设计的水平，最终形成较为完善的体育与其他学科融合的育德的教学设计方案 评价：较为准确客观地对学生的道德行为进行评价，从而激励学生形成良好的德行 德育融合体育学习质量评价采用四个等级——优秀、良好、及格、差等，每个等级在体育品德方面都有具体的学习质量描述

第四章　五育融合教学设计案例精选

案例一　弘扬国粹，习武强身

本案例围绕跨学科主题"弘扬国粹，习武强身（水平一）"进行活动设计，通过模拟"弘扬国粹，习武强身"的学、练、赛场景，引导学生在体育活动中综合运用历史、音乐、道德与法治、信息技术等的知识与技能。

一、育人价值

（1）通过指导学生学练长拳技术动作，提高学生的身体协调性、灵敏性、柔韧性，培养学生克服困难、勇敢顽强的意志品质。

（2）通过创设学习情境，培养学生合作能力与团队精神。

（3）通过创设学习、比赛情境，培养学生的民族自豪感和文化自信。

二、活动目标

（1）综合运用历史、信息技术等知识，了解武术的历史渊源、技术动作和比赛规则。

（2）通过模拟"拜师学艺""格斗专家"场景，提高学生的沟通与表达、应变与应用、探究与创新等能力，增强团队合作意识。

（3）模拟"武林大会"，激发学生对中国传统文化的武术练习的兴趣，在练习中展现武术的精气神及吃苦耐劳、勇敢顽强、团结协作等优良品质。

三、实施过程

学习任务一：了解武术的历史渊源，观看相关视频。

学生活动	教师组织	活动意图
1. 通过网络查询了解武术的历史渊源 2. 小组合作探究学习，运用历史、信息技术等知识分析出武术种类和技术动作	1. 引导学生从历史资料中找出武术的比赛方法、技术动作 2. 在学生遇到困难时，及时给予帮助，鼓励学生在小组内互相学习与交流	1. 通过学习和了解武术的起源与发展，尝试用多学科知识解决问题，提高学生综合实践能力 2. 通过团队合作与交流解决问题，以积极的状态投入探究活动

学习任务二：拜师学艺（强化武术知识与技能情感）。

学生活动	教师组织	活动意图
1. 观看视频，了解五步拳的动作组成 2. 学练五步拳 3. 两人小组合作学练	1. 导入"假想敌"情境，引导学生做到力达拳面、动作连贯 2. 在学生两人一组的练习中，及时给予动作指导 3. 利用拳靶，引导学生提升冲拳和踢腿的力量	1. 通过学练，掌握五步拳动作要领和科学锻炼方法 2. 通过情境创设让学生掌握武术核心知识和技能 3. 在小组合作学习中学会互评、互助，培养学生合作能力和交往能力

学习任务三：格斗专家（强化对练应用）。

学生活动	教师组织	活动意图
1. 创设情境，感悟武德 2. 学练"一步攻防"	1. 引导学生感悟武德，帮助学生树立"习武先习德"的尚武精神，传承中华武术的文化精神 2. 在学练中，及时给予学生帮助	1. 强化武德教育，传承优秀文化 2. 改变武术教学中缺乏"进阶性"的情况，把动与静、进与退结合起来，落实技术、技能与能力提升的核心素养要求

学习任务四：武林大会（创编展示与比赛）。

学生活动	教师组织	活动意图
1. 创设情境，通过创编开展武林大会 2. 5人小组合作创编与练习	1. 通过评价要点，强化学生创新意识 2. 在学生学练中给予指导与帮助	1. 通过明确评价要点，促进学生学习武术规则，提高观赏和评价能力 2. 对练创编展示培养学生的应用能力、创编能力、展示能力

四、设计思路

本课例以"弘扬国粹，习武强身"为教学目标，以"学、练、赛、评"一体化贯穿，引导学生用武术来发展运动能力，指导学生学习武术套路和双人对练动作，提高学生对武术的兴趣，促进学生热爱传统体育，激发其民族自豪感。

以"弘扬国粹——武术教学"为学习资源，通过"学、练、赛、评"一体化设计，架起连接学科知识与核心素养的桥梁，引导学生在真实情境中发现问题、分析问题和解决问题，掌握结构化的知识和技能。

通过情境创设、自主学练、一步攻防对练、小组创编展示比赛，培养学生的武术学习兴趣，提高其竞争和对抗能力，使学生在学习和体验中增强对中华优秀传统体育文化的认同感，感悟民族文化的魅力和精神，增强民族自信心和自豪感。

（四川大学附属实验小学分校　王聪）

案例二　小小飞行设计师

本案例围绕跨学科主题"以体强智（水平三）"进行活动设计，通过关键词"飞行"，引导学生在体育活动综合运用统计学的相关知识与技能，发展个性，激发学生的求知欲与探索欲，提升创新精神和实践能力，培养学生诚信行为，从而发展学生的核心素养。

一、育人价值

（1）通过引导学生了解不同形状的投掷物与投掷方法，学生能够利用科学方法完成身体练习，发展基本运动技能和体能，树立规则意识，并养成良好的健康行为、运动习惯和安全意识。

（2）通过"飞行"的有关真实场景，帮助学生建立空间感知能力，提升学生联想思维能力。

（3）通过"打水漂"等活动，启发学生思考、归纳、总结，提升学练质量，从而培养学生主动合作、顽强拼搏、勇于展示自我、诚信友善的意志品质。

二、活动目标

（1）通过学练，学会上下肢协调配合以及小臂与手腕向外平甩发力的方法，发展上下肢和腰腹肌肉力量，提升掷远能力。

（2）培养规则意识和安全意识，养成良好的健康行为、运动习惯。

（3）培养学生主动合作、顽强拼搏、勇于展示自我、诚信友善的品质。

三、实施过程

学习任务一：激趣开课。

学生活动	教师活动	活动意图
体育委员整队集合，汇报人数	师生相互问好，宣布本课学习目标和注意事项	明确目标：建立良好师生关系，培养学生的自觉性和积极性，让学生养成遵守纪律的好习惯

学习任务二：热身活动。

学生活动	教师活动	活动意图
学生以小组为单位，自选区域慢跑，将飞盘持于双手，通过音乐伴奏，让学生趣味慢跑，做好热身准备	教师组织学生进行慢跑热身。伴随音乐，师生一起利用手中的飞盘，进行韵律活动，关键是将肩部、腰部充分活动开，避免运动损伤	为了激发学生学习的兴趣，利用两个飞盘的组合活动，在音乐的伴奏下，体验热身操的乐趣

学习任务三：投掷，飞行中的统计学。

学生活动	教师活动	活动意图
1. 学生体验"飞行"中的旋转，思考生活中物体飞行的方式，并发表自己的看法 2. 学生展示个人动作。观察自制飞盘在空中的飞行轨迹 3. 学生根据总结的动作要领，自主学练，并记录个人掷出的飞盘平稳的次数 4. 调整出手时机的技巧 5. 两人一组的原地挥臂，制动练习（每人 10 次） 6. 两人一组，相距 10m，进行合作练习 7. 竞赛中的统计 达标级：评价距离为 10m，统计组员达标人数 挑战级：评价距离为 15m，挑战时间为 1 分组，统计组员挑战成功人次 团队晋级赛：组内成员每人 1～3 次、统计投掷距离总和	1. 教师提问："同学们你们有没有看过或者玩过打水漂?"请前后两位同学合作尝试投掷，展示自己的投掷动作 2. 师生共同研究旋转的诀窍，教师示范与讲解，教师围绕持盘手法，总结归纳反手抛盘动作并进行讲解与示范 3. 教师巡回指导，将关注点放在解决飞盘飞行平稳方面 4. 利用集中探讨与总结，引出双人合作的限制性练习方法，并讲解与示范 5. 指导学生进行分组练习，要求：关注飞行轨迹的平稳与方向。互相利用观察统计各自飞盘飞行平稳的次数，并关注成功时的动作方法（每人 15～20 次） 6. 利用三级竞赛的组织形式，让学生在竞争中发展反手掷远的能力，培养团队荣誉感，鼓励学生自主合作测量	1. 借助学生已有的生活经验，揭示课题，让学生围绕"旋转"，利用投掷动作让飞盘在空中向前飞行。此环节，既是生活场景导入，也是教师现场了解学情，为接下来的学练做好准备 2. 学生在自我学练中，寻找方法，并与他人共享。教师注意关注有困难的学生，帮助学生利用转身、挥臂、抖腕的动作口诀进行体习 3. 在这个环节，教师打破学科壁垒，通过统计学中的量化测评出合理的出手次数，以此评价动作方法的合理程度，在量化中，激发学生学练兴趣，鼓励学生参与量化评价，淡化运动疲劳，提高学练质量

学习任务四：总结放松。

学生活动	教师活动	活动意图
1. 学生利用自己的飞盘，原地跑动、反应、跳跃，进行趣味性体能训练 2. 跟着老师进行放松练习，听教师进行小结、评价 3. 布置家庭作业 个人作业：回家进行飞盘掷远练习，请开发飞盘掷远的不同动作方法，描述你的方法与其投掷的最远距离，将照片与视频发送班级群共享 小组作业：合作完成组内飞盘掷远方法汇总表	教师组织学生结合小飞盘进行体能训练 教师带领学生进行放松拉伸练习	1. 放松身心 2. 跨学科培养学生综合素养，提升科学的学练方式

四、设计思路

本案例以新课标为理念，以尝试、体验、感悟、反馈为主线，以学生为中心，充分发挥学生主体和教师主导的作用，以新兴体育项目飞盘为载体，与统计学相融合，发展个性，激发学生的求知欲与探索欲，提升创新精神和实践能力，培养学生诚信行为，发展学生的核心素养。整节课将时间与空间交给学生，力求做到规范、简约、高效、灵动。

为了帮助学生对自我投掷能力有更加清楚地判断，我结合了统计学相关内容，借助"飞行"这一关键词，帮助学生在发展基本运动能力的基础上，能够对自己的学习状况有更加直观地了解，从而拓展学生思维能力，推动综合化学习，带领学生了解运动科学，培养学生科学运动的能力与习惯。

（成都天府中学小学部　甘露）

案例三　趣味定向——游山玩水，赏祖国山河

本案例围绕体育与美育跨学科主题"游山玩水——赏祖国山河（水平三）"进行活动设计，通过设计"游览祖国大好河山"的课堂场景，引导学生在体育活动中体会与运用美术、音乐等学科知识，将体育与美育有机融合。

一、育人价值

（1）通过设置情境与绘画游戏的方式，进一步巩固学生耐久跑的动作要领，提高学生的奔跑能力与心肺功能，为"田径大单元跑（水平三）"的教学主题的进一步学习打好基础。

（2）通过设置"风景绘画"以及"听诗绘画"的环节，打破学科壁垒，通过跨学科教研与育人的方式，将体育与美育相结合，体现课程的融合性价值。

（3）通过将文学作品、风景图画、人文地理等知识与耐久跑相结合的方式，学生能跨越时空感受祖国美丽山河，激发爱国热情，实现知识与技能提升的有机结合。

二、活动目标

（1）通过诗句与图片相结合，了解诗句的意境、背景及情感内涵，在美的意境中提高耐久跑能力。

（2）通过听诗绘画、看图绘画等环节提高学生对祖国大好河山的理解与认识，同时提升绘画与创作能力，培养感知美和创造美的美术学科核心素养。

（3）在山水游览情景创设中，提升对耐久跑的兴趣，掌握耐久跑的呼吸节奏。

三、实施过程

学习任务一：情景导入——欣赏河山，诗句翩翩。

学生活动	教师组织	活动意图
1. 通过观看视频，系统了解祖国的风景名胜及其有关经典诗句 2. 认真听教师所介绍的内容，并结合自己所掌握的知识进行情景想象 3. 小组合作进行探究学习，运用所学知识体会诗句内涵	1. 通过播放视频对我国不同地区的风景名胜进行介绍 2. 通过口头讲解，介绍我国古代诗人游览祖国大好河山时创作的千古名句 3. 鼓励学生进行小组合作相互学习与交流相关知识，并提供帮助	1. 通过学习和了解文学作品，提升对国内的风景名胜以及历史故事的认识与欣赏，唤起学生对祖国山河美的情感认同 2. 尝试通过合作探究与交流，解决相关问题，以积极的态度投入学习中

学习任务二：热身活动——游览群山，广交朋友。

学生活动	教师组织	活动意图
学生在教学场地内分散点位进行热身，当热身过程中与其他同学相遇，则击掌一次，算作交到朋友。根据老师的提示变化动作，发挥想象完成并模仿热身动作	教师借助视频、音乐与旁白创设游览祖国群山的教学情景，学生伴随着音乐，根据教师的描述，做出相应的身体拉伸动作以及热身活动	通过情境的创设与调动，引导学生主动交朋友，激发学生的学练兴趣，在音乐的伴奏下回顾耐久跑的动作要领，充分活动身体避免受伤。

学习任务三：活动设计——走遍祖国。

将学生分为多个小组，每个小组有一份游览地图以及要求，以小组为单位，按照地图上的"走进西北""下江南""蜀道难"的路线进行跑动，完成地图标准要求即为完成练习。

学生活动	教师组织	活动意图
1. 根据地图的要求进行跑动练习，在跑动的过程中根据要求，需要在不同的站点进行关卡挑战 2. 需要将诗句与地名相匹配，匹配成功可进行下一个路线的挑战，匹配失败需重新挑战该路线	1. 引导学生根据各小组地图的引导进行操场内不同路线的循环跑动 2. 可在关卡处给予学生一定提示与帮助	1. 在打卡的过程中游览祖国山水，并通过诗句的描述，深刻地认识祖国的大好河山，以小组为单位进行匀速跑动 2. 巩固耐久跑的动作要领，学会跑动自然、呼吸有节奏，合理分配体能，培养团结协作的集体主义精神

学习任务四：体能游戏——诗句拼图。

学生按小组排队，每队每次只能出发一名同学，采用四肢着地爬行的姿势，每次只能翻开一张卡片，根据卡片内容组合诗句，完成诗句拼图用时最短的小组获胜。

学生活动	教师组织	活动意图
1. 根据老师所提出的要求进行游戏 2. 主动与小组同伴进行交流与探讨，鼓励同伴	1. 为学生准备好活动的道具，并将游戏的要求进行讲解，示范游戏方法 2. 鼓励学生进行小组合作讨论，探究游戏策略	1. 拼诗句的游戏考查学生对诗句的掌握、储备与理解 2. 有效提高了学生四肢、核心力量以及协调性，与教学内容进行互补，让学生得到全面发展 3. 培养了学生克服困难，顽强拼搏的精神

学习任务五：体育课后作业——画笔下的祖国。

根据学习内容用画笔描绘出一幅心中的美丽祖国

学生活动	教师组织	活动意图
1. 课后回顾，积极思考，根据自己的课堂所获和理解勾画出自己心中的最美风景 2. 创作一首与画作主题相契合的诗句	1. 引导学生对今天所游览的祖国河山进行总结回顾 2. 鼓励学生通过自己的感受用画笔描绘出自己心中的美丽祖国	1. 通过学习与练习，学生将对祖国的美景与诗句的理解，通过绘画表达出来，从而提升对祖国山水的热爱及对美的认知 2. 实现体育与美育学科素养融合发展

四、设计思路

本案例以游览祖国大好河山为主线，引导学生运用音乐、美术学科知识，了解我国的风景名胜以及历史故事，同时通过绘画出心中的美丽祖国提升自己的"美感"，激发对祖国大好河山的热爱之情。本活动可以由体育教师独立实施，也可以与音乐、美术学科教师协同完成。

案例创设了"游景点""诗句拼图""绘美景"等情境，为学生设置了开放的学习任务，倡导与鼓励学生通过合作探究来完成。本活动分为课内和课外两个部分，课外活动主要是在前置课程中引导学生通过网络、书籍等途径对课堂知识进行初步了解，课内活动主要是在教师创设的情景下进行体能、美术、音乐等学科知识的学习。通过在游戏与活动中将体育与美育相结合，提升学生认识美、创造美的能力，从而让学生了解生活、感受生活、热爱生活，以此提升学生用多学科思维与技能解决问题的能力。

（天府第七中学小学部　汤然；四川天府新区第十小学　刘璐琛）

案例四　定向越野之"我是小小特种兵"

本案例围绕跨学科主题"钢铁战士（水平二）"进行活动设计，通过模拟"特种兵越野跑训练与考核"的场景和"一方有难，八方支援"的抢险救灾的情景，引导学生在体育活动中综合运用国防教育及历史、地理、科学、安全等知识与技能。

一、育人价值

（1）通过模拟自然界的地形环境，指导学生在不同的地形地貌下进行越野跑练习，提高学生的心肺耐力，发展速度、灵敏等身体素质，强健学生体魄。

（2）通过创设"特种兵越野训练"情境，帮助学生进入特种兵的角色，积极参与艰苦的越野跑训练，培养学生自信自强、克服困难、勇敢顽强、坚韧不拔的意志品质。

（3）通过创设"一方有难，八方支援"抢险救灾的情境，培养学生的爱国主义精神。

二、活动目标

（1）综合运用地理、科学、安全等学科知识，了解自然地理环境及科学、安全的抗险救灾措施。

（2）通过演绎"一方有难，八方支援"场景和"特种兵之越野考核"情境，提高学生的组织与协调、沟通与表达、决策与反思、探究与创新等能力，增强自我保护及保护他人的意识。

（3）在模拟"特种兵之越野训练"和实战演绎"一方有难，八方支援"的过程中，使学生掌握越野跑的技能，提高在不同地形地貌下的越野跑能力；增强学生对越野跑的兴趣，锤炼团结合作、坚韧不拔、勇敢顽强等优良品质，发扬舍身为国的大无畏革命精神。

三、实施过程

学习任务一：观看特种兵越野跑训练与考核和特种兵抗险救灾的相关视频。

学生活动	教师组织	活动意图
1. 通过网络了解特种兵的越野训练内容及考核要求 2. 小组合作探究学习，运用地理、科学、安全等知识，思考如何才能安全、科学有效地开展抢险救灾，最大限度地保障人民群众的生命财产安全	1. 引导学生理解越野跑技能的重要性及特种兵在抢险救灾中的作用 2. 在学生遇到困难时，及时给予帮助，鼓励学生进行小组内部与小组之间的学习与交流	1. 通过学习和了解特种兵职责与任务，认识到特种兵训练的严格。刺激学生对越野跑的兴趣，提高学生综合实践能力和激发学生的爱国热情 2. 尝试通过团队合作与交流解决问题，以积极状态投入探究活动中

学习任务二："特种兵之越野跑技能训练"（学习定向越野跑技能）。

学生活动	教师组织	活动意图
1. 了解定向越野跑的识图技能与跑步技能，学习地图上的各种图例和地形地貌标识，掌握解读地图的技巧与方法。学习在不同的地形地貌下越野跑技能，根据地图或地理环境合理分配体力方法与措施。克服越野跑运动的恐惧心理 2. 学练定向越野跑技能 3. 参与定向越野比赛 比赛一："定向越野识图比赛" 比赛二："跑步打卡比赛" 比赛三："变速跑比赛" 比赛四："简单定向越野跑比赛" 4. 小组合作探究，相互激励，帮助同学队友克服跑步的恐惧	1. 创设"特种兵越野跑训练"的情境 让学生了解特种兵训练的要求与标准，以及特种兵训练的严格性。引导学生自主学习定向越野运动技能与知识 2. 在学生自主学习练习定向越野跑的运动技能时，及时给予帮助和指导，帮助学生读懂地图，了解跑步节奏的搭配和呼吸的调整 3. 引导学生在已学的运动技能和知识的基础上，丰富定向越野学习内容和建构趣味比赛活动 4. 关注学生身心健康发展，做到"以学定教"，关注学生个体的差异性和独特性，采用因材施教的教学方法，提高学生自信和心理健康	1. 通过学习定向越野跑的技术动作和知识，掌握识图技能和跑步技巧 2. 通过定向越野跑，提高心肺耐力，发展灵敏、协调等身体素质。培养学生定向越野的运动技能 3. 通过丰富定向越野跑的比赛内容和练习内容，培养学生的体育人文素养，锤炼其身体素质和心理意志。培养学生敢于拼搏、吃苦耐劳、坚韧不拔、勇敢顽强的优秀品质

学习任务三：模拟实战演练"特种兵之越野考核"情境（定向越野考核）。

学生活动	教师组织	活动意图
1. 组建特种兵小队，以小队的形式完成越野考核任务 2. 模拟"特种兵之越野考核"情境（定向越野考核），让学生根据特种兵越野考核形式进行定向越野考核。根据教师布置的考核任务，特种兵小队合作识读地图，设计最优跑步打卡的路线，按顺序打卡，并完成打卡点相应的任务（各种知识竞猜、挑战任务等）。小组全部完成打卡，返回起点并记录时间。完成定向越野考核任务	1. 引导学生建立起特种兵小队，将"特种兵之越野考核"情境融入教学之中，提高学生对自我的要求以及激发学生的学习兴趣 2. 引导学生在定向越野打卡点位完成相应任务，监督学生是否完成了打卡任务，进行相应的评判与惩罚 3. 提示学生在选拔途中注意自我保护和相互保护，提高团队核心凝聚力	1. 通过模拟"特种兵越野考核"情境，让学生深入地理解特种兵考核要求，提高学生对自我的要求 2. 通过定向越野跑，提高学生的速度、耐力、灵敏等素质，提升学生的心肺耐力等体能 3. 通过学生小组合作，培养学生的团结合作意识与竞争意识

学习任务四：实战演练"一方有难，八方支援"，特种兵抗险救灾情境。

学生活动	教师组织	活动意图
1. 以校园场地为基础，模拟特种兵抗险救灾的场景，绘制救灾路线的平面地图。特种兵小队要根据灾情，合理制定运输方式与路线 2. 特种兵小队在行进路线中，思考如何合作完成挑战，通过团队协商与决策，运用定向越野的知识与技能快速将救灾物资送到受灾群众手上 3. 结合激情昂扬的音乐，演绎特种兵火速抵达人民群众需要的地方的场景 4. 课后作业：围绕所学的运动技能与知识写一篇感想，填写评价表	1. 指导学生在行军途中，根据不同的地形地貌，选择合适的行军路线以及应急措施 2. 引导学生积极主动投入抗险救灾的场景中，完成抗险救灾保障人民群众的生命财产安全的任务 3. 根据音乐的特点激发学生热情，让学生充分融入学习情境当中，引导学生在危险的时刻也永不放弃，磨炼学生的意志品质 4. 根据特种兵完成救灾任务的表现，评选出优秀的特种兵团队，并颁发奖励。根据学生提出的建议或意见，提出修改方案	1. 通过布置模拟特种兵抗震救灾的场景，了解特种兵在救灾途中遇到的危急事件以及应对的措施，提高学生对自然灾害发生以及危害认识，培养学生在自然灾害发生时的急救能力 2. 通过角色扮演，参与救援活动，了解自然灾害发生的形式，以及自然灾害发生时紧急避险措施 3. 在增援的过程中克服定向越野跑的困难，学会如何克服极点的出现，磨炼学生意志品质，引导学生在最危险的时刻也永不放弃希望、坚持不懈、不怕困难的优秀品质 4. 综合运用国防教育与科学、安全等学科知识，培养学生爱国主义情怀

四、设计思路

对于体育与健康课程而言，课程标准中新增"跨学科主题学习"是实现体育与健康课程内容和学习方式转变的重要方式，也是培养学生运动能力、健康行为和体育品德三个方面核心素养的重要内容。基于此，本案例以"习近平新时代中国特色社会主义思想"为指导思想，以"健康第一"为教育理念，以"寓快乐于体育教学之中"为教学目标进行实践探索。

本课以"特种兵越野训练与考核"和"一方有难，八方支援"特种兵抗险救灾为教学情境和教学背景，引导学生模拟在不同的地形地貌，以及各种环境与情境中，开展越野跑学练。本次活动的设计是为了让学生了解特种兵的职责与训练的要求，提高学生对自我的要求。学生能综合运用国防、科学、安全、地理等学科知识，丰富学生的知识储备。在模拟特种兵演练活动中，结合不同的情景与地形地貌下越野跑学练，使学生运用语文或英语等学科知识，与同学交流合作，培养学生的团队合作能力和定向越野跑运动技能。

本活动是以学生扮演"特种兵"为教学主线开展的，学生首先观看了特种兵训练与考核、抢险救灾视频，在心里埋下一个想要成为特种兵的信念；其次让学生去扮演特种兵，参与特种兵越野训练，完成特种兵的训练任务与考核；最后通过特种兵的训练与考核，参与实战演练，让学生在实战中综合运用所学的运动技能与知识，以及其他的安全、科学、地理等学科知识。

本课通过观看视频、训练、考核、实践等环节，形成闭环且螺旋上升的教学设计。本活动由课内和课外两个部分组成，学生在课外活动主要是收集资料和信息，课内活动主要包括小组设计、组织定向越野比赛，学习越野跑技术，并进行展示与交流，从而培养学生的国防意识和爱国主义精神。

（成都市金牛区教育科学研究院 李玲；成都市沙河源小学校 张洁、欧建国）

案例五 劳动最光荣

本案例围绕跨学科主题"劳动最光荣（水平二）"进行活动设计，让学生通过查阅资料，了解远古时期人们狩猎的过程与方法，体会狩猎与投掷的关系，感受劳动的重要性与光荣感。同时通过合作探究"如何在野外寻找食物"的方法，让学生了解如何在野外生存，并通过"野外求生"场景的呈现，学习野外生存知识和投掷技能。

一、育人价值

（1）引导学生认识劳动的价值，懂得劳动是人类生存和发展的基础，体会体育运动与劳动教育的内在联系，使学生理解运动技能对人类生存和发展的重要性。

（2）通过游戏培养学生团队合作意识和团结合作的精神，学生体会到团结合作的重要性，在活动中提升学生的交往能力和技能。

（3）激发学生对运动的兴趣，推动学生身体机能和动作技能的发展。

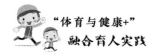

二、活动目标

（1）通过查阅资料，了解远古时期人们狩猎的过程与方法，探究狩猎与投掷的关系，体会劳动的价值与光荣，认识到劳动是人类生存和发展的基础，激发学生对体育活动的热情，培养积极向上的人生观。

（2）通过合作，探究"如何在野外寻找食物"的方法，让学生了解如何在野外生存，使学生理解在保护自身、帮助他人、服务社会的过程中培养良好的劳动习惯的重要性。

（3）通过"野外求生"场景的呈现，学习野外生存知识和投掷技能，学生既能掌握投掷垒球的技术动作，又能养成良好的劳动习惯。

三、实施过程

学习任务一：查阅资料，了解远古时期人们狩猎的过程与方法，并初步学习狩猎的投掷动作方法。

学生活动	教师组织	活动意图
1. 通过网络等途径查阅资料，初步了解远古时期人们狩猎的过程与方法 2. 学生小组讨论远古时期人类的狩猎方式，并总结狩猎中的投掷方法 3. 以小组为单位分享狩猎投掷方法	1. 教师及时发现问题并提供针对性引导和指导 2. 通过讲解示范，帮助学生理解狩猎的投掷方法，并调动学生参与学习的积极性 3. 组织学生以小组为单位学习狩猎过程与方法，教师观察并指导	1. 通过查阅资料，学生初步了解远古时期人们狩猎的过程与方法，感受到劳动的重要与光荣 2. 通过小组讨论，学生学习到在野外生存的知识和投掷技能 3. 通过模仿练习和分享交流，学生理解劳动技巧及劳动与体育的联系

学习任务二：学习野外生存知识及技巧，探究狩猎与投掷垒球动作的联系与区别。

学生活动	教师组织	活动意图
1. 学生分组进行实地考察，学习观察地形、辨别方向、采集食物及识别危险等技能 2. 学生分组实地考察并讨论所学知识，例如紧急情况及危险自救方法，教师进行讲解并对学生进行安全教育 3. 学生分组练习狩猎投掷与垒球投掷技术，讨论二者的区别与联系，并进行展示汇报	1. 教师讲解野外生存知识，包括基本常识、安全注意事项等，并鼓励学生尝试用所学知识来解决生活中遇到的问题 2. 教师在课上进行示范，并讲解野外生存的方法，如寻找水源、搭建庇护所、制作简易的生活用品等 3. 创设"荒野求生"情境，组织学生利用器材进行狩猎与投掷垒球练习，并引导学生发现两者的区别与联系	1. 通过本课教学，学生能将野外生存技能应用于生活，增强安全意识和动手能力 2. 通过观察、讨论、交流，培养学生相互合作的团队精神，培养学生的创新意识

学习任务三：狩猎技能挑战赛——模拟远古人类狩猎（准度和远度练习）。

学生活动	教师组织	活动意图
1. 运用所学知识设计"狩猎技能挑战赛"方案，并在黑板上呈现 2. 选择自己喜欢的猎物，思考狩猎方式 3. 小组内进行讨论，总结人类狩猎的经验，并将所学知识应用到实践中	1. 组织学生根据准度和远度的要求设计挑战赛 2. 组织学生进行狩猎技能挑战赛，将所用到的打猎工具进行展示 3. 鼓励学生发现问题、提出问题、解决问题	1. 在挑战赛中，通过学生小组讨论、合作学习，提高了学生的团队协作能力、语言表达能力和动手实践能力 2. 在挑战赛中，教师提供多种狩猎工具供学生观察、操作与思考，并将所学知识运用到实践中，培养了学生发现问题、解决问题的能力 3. 在挑战赛中，教师鼓励学生提出问题并提供指导与帮助，培养学生的创新意识 4. 在挑战赛中，锻炼学生的合作意识和团结协作精神

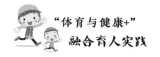
四、设计思路

本案例以原地投掷垒球为核心，融合跨学科知识，将学科知识与生活场景结合，使学生通过多样化场景体验劳动的多样性，进而树立正确的劳动观。教师采用情境化教学、小组合作学习及实践体验等教学方法，并在活动中融入"劳动教育"的理念，激发学生对劳动的热爱之情。

本课程结合跨学科知识与现代信息技术，将知识融入现实情境，让学生通过不同的场景体验不同的劳动，从而树立正确的劳动观念。通过实践体验式教学，学生学习了野外生存知识和投掷技能。

（成都市弟维小学　赵超、王宏名）

案例六　智慧学习，健康小卫士

本案例将体育与健康课程和信息技术课程相融合，以"智慧学习，健康小卫士"为主题进行活动设计，通过模拟"我是小护士"情景，引导学生在体育活动中融合信息技术，从而提高运动损伤知识的掌握和处理技能。

一、育人价值

（1）通过信息技术手段，学生了解擦伤处理、预防策略及运动损伤的成因与应对措施；明白只要对运动有充分的准备和足够的了解，掌握有效的预防措施，就能减少或避免不必要的运动损伤。

（2）通过创设"我是小卫士"教学情境，激发学生动手能力，学生了解产生运动损伤的原因及预防的措施，理解充分准备、科学认知及有效预防措施的重要性。

（3）通过"我是小卫士"情境教学，学生掌握正确的包扎方法。通过这一过程，学生认识到运动损伤并不可怕，并建立起处理紧急损伤的信心，从而提高同学间的互助精神和自我保护意识。

二、活动目标

（1）正确使用信息技术设备，了解预防擦伤的办法及体育课堂注意事项。

（2）通过"安全小卫士"情景模拟，提升教学设计、组织协调、沟通表达，决策反思等能力。

（3）通过"安全小卫士"竞赛中的包扎实践操作，学生体验学习的乐趣。

三、实施过程

学习任务一：检测学生自主学习的情况。

学生活动	教师组织	活动意图
1. 学生根据教师提供的导学单查阅相关资料 2. 完成预学单并参与课堂问答	1. 设计导学单 2. 组织学生展示预学单并分享所学知识，并对回答正确的进行加分奖励	1. 学生根据老师的预留作业进行相关知识的查阅，培养学生自主学习的能力 2. 通过抢答的形式，激发学生的学习热情

学习任务二：智慧"云"助力——"我是小护士"情境导入。

学生活动	教师组织	活动意图
1. 在老师讲解中了解擦伤定义及相关专业术语 2. 学生通过趣味互动分析诊断受伤类型 3. 观察图片中面部受伤及伤口特征	1. 归纳学生的答案，并给出擦伤的定义 2. 提供受伤图片供学生分类，并引导"小护士"进行诊断 3. 通过网络图片引导学生观察擦伤特征，"小护士"抢答，教师归纳	1. 通过了解擦伤知识，激发学生主动学习的热情 2. 通过对受伤的种类进行分类，在增加趣味性的同时，激发学生的竞争意识 3. 通过抢答和图片相结合的形式，激发学生主动思考的能力，引导学生进入主动学习模式

学习任务三：平板辅助课堂——快速问答。

学生活动	教师组织	活动意图
1. 学生使用平板独立作答 2. 学生在第一次观看视频后，提取所需的消毒用品，在第二次观看视频后修订自己的答案 3. 记录擦伤操作步骤	1. 当同学发生擦伤时，请问你会怎么处理？ 2. 首次播放擦伤处理视频，学生记录所需药品，在第二次播放后，请学生再次观看，并修改擦伤处理的方法 3. 梳理擦伤处理的步骤	1. 学生通过平板作答，引导学生独立思考，激发学生的学习热情 2. 专业医生视频讲解，让学生直观地学习擦伤处理的方法 3. 利用多媒体慢放功能，帮助学生观察操作细节

学习任务四：智慧助力——擦伤包扎实践操作。

学生活动	教师组织	活动意图
1. 学生在平板上选择擦伤处理所需的器材与药品 2. 小组合作进行处理包扎练习，循环操作，如遇问题及时查阅操作步骤 3. 利用平板记录包扎过程并梳理重难点	1. 待学生在平板上选择所需仪器和药材后，发放实物 2. 组织学生按步骤进行操作 3. 制作 GIF 动态演示图循环播放 4. 公布最终成绩并授予"安全小卫士"称号	1. 学生在平板上进行选择药材及器材，让学生牢记操作步骤 2. 学生通过合作，在团队中体现自己的价值，学会在团队中相互配合 3. 动态演示图循环播放，辅助学生高效学习和实践，提升课堂教学效果

学习任务五：智慧助力——擦伤的知识巩固。

学生活动	教师组织	活动意图
1. 邀请学生代表演示讲解如何预防擦伤，将本节课的知识进行一个大致的梳理 2. 开展擦伤知识趣味竞赛。学生举手进行趣味比赛，其余组员在下面答题	1. 教师总结如何预防擦伤 2. 教师出题。利用随机抽选方式组织学生展示，抽到的学生到讲台上进行比赛，组员在下面答题	1. 提问并引导学生结合体育课堂回答如何预防 2. 用趣味竞答的形式既巩固了重难点知识，又让学生感受到了快乐，促进被动学习向主动学习转化，让学生爱上课堂

学习任务六：回顾本节课的内容和课后作业。

学生活动	教师组织	活动意图
1. 学生在教师引导下集体回顾本节课的内容 2. 记录课后作业并提出疑问，为下节课做准备	1. 师生共同回顾本节课的内容 2. 布置课后作业	1. 让学生梳理本节课的内容，将知识点再次稳固 2. 为下节课准备

四、设计思路

本课以"安全小卫士"为背景，引导学生通过信息化设备和平台查阅相关资料和信息，开展头脑风暴。本课旨在引导学生正确使用信息化设备及平台，完善所学知识和技能，打破传统的体育课堂教学模式，融入现代信息技术，通过视觉与听觉刺激增强课堂趣味性，营造浓厚学习氛围，激发学生学习兴趣与参与度。

本课以"小护士"为主线贯穿始终，采用引导式教学实现内容与目标，将复杂动作制作成动画视频，便于学生实践操作，让学生团队协作进行包扎练习，促进学生主动思考，借助信息化设备展现学生课堂中的参与度。

通过集中展示创编成果，培养学生的竞争意识，同时巩固技术动作，让学生在原有基础上都有不同层次的提高。采用趣味比赛的形式，提升学生自我表现能力，引导学生积极思考。学生分组练习，主动去发现问题，分析问题，解决问题，进而培养学生自主学习的能力，教师最后总结点评，仍充分体现学生的主体地位。

本节课，充分运用信息化设备，拓展学习空间，激发学习兴趣，促进了教学目标的达成。

（成都市机投小学校 冉美容、邱子涵；成都市晋阳小学 吴天燕；成都市龙江路小学分校 卢江玲）

案例七　追寻英雄足迹，传承革命精神

本案例围绕跨学科主题"国防教育（水平三）"进行活动设计，全面落实立德树人的根本任务。通过加强对中华传统体育类运动项目的教学，培养学生的尚武精神与阳刚之气，传承中华优秀传统体育文化；融入军事体能内容，结合国防安全教育案例，厚植爱国主义情怀；通过融入生命安全与健康教育，助力学生身心健康。

一、育人价值

（1）通过引导学生了解历史，让学生发现练习的问题，提高运动效果，达到有效强身健体的目的。不仅可以从小培养学生的爱国情怀，还可以培养学生的组织性和纪律性，通过实践学习和体验，培养学生克服困难的能力和坚强的意志力，提升学生的综合素质与道德品质。

（2）通过体育运动传播革命精神，让学生在运动中领悟和学习，有利于树立终身体育的理念；将红色体育融入体育课堂中，让学生亲身体验革命先辈的艰辛，切身感受身心疲劳与酸痛，培养学生吃苦耐劳的精神和对艰苦环境的适应能力。

（3）模拟志愿军历史斗争情境，这对学生具有强烈的吸引力和感染力，能让更多的学生参与运动。在参与过程之中，学生既受到革命传统教育，又亲身体验了历史情境。这种精神与体验的结合，有助于提升青少年对红色体育文化的认知，促进青少年树立正确的世界观、人生观和价值观，树立远大人生目标。

（4）培养学生善于思考的能力，从而在学习体育的过程中培养跨学科的兴趣，促进学生综合素质的全面发展。

二、活动目标

（1）通过学练提升奔跑技能；面对障碍时灵活运用跨、钻、绕、爬、跳、投等技能连贯通过；提高速度、耐力、力量、平衡能力等各项身体素质。

（2）在小组探究中学会合作互助，主动参与课堂活动。通过红色主题学习激发学生运动兴趣，培养锻炼习惯；能主动适应不同环境的变化，保持积极向上、不断挑战自己的进取心态。

（3）学生通过自主探究增强规则意识，树立果断与团结协作精神，树立正确的胜负观念。在基于真实历史事件营造的学习氛围中，培养学生坚韧不拔、勇敢顽强的精神，培养爱国主义情怀，建立民族自信心。

三、实施过程

学习任务一：引入"抗美援朝"主题和热身练习。

学生活动	教师组织	活动意图
1. 根据课前资料收集回答问题 2. 队列练习，展现小战士精神风貌 3. 学生根据口令和音乐变化，听从老师的指令迅速做出反应动作。如"前方有敌情"：学生立刻呈卧倒姿势；"敌机轰炸"：所有人迅速撤离到"防空洞"，成蹲姿 4. 跟随老师，在"危险解除"后进行热身活动 5. 根据指令，进行练习	1. 借助图画，以黄继光、邱少云的照片引入课堂："同学们，你们认识这些英雄吗?"简单介绍抗美援朝的原因、结果等 2. 带领学生进行队列练习，强化精气神 3. 根据口令和音乐变化，迅速做出反应动作，随机做互动活动 4. 带领学生进行热身活动 5. 教师通过指令指导学生练习	1. 以学生熟知的抗日英雄引入课堂，调动孩子积极性；讲述抗美援朝历史，帮助学生深入了解抗美援朝历史，激发学生兴趣 2. 学生模拟志愿军小战士，感受军人气质并充分热身，防止运动损伤 3. 初步建立学生所学知识与运动技能的衔接

学习任务二：战场模拟布置和模拟闯关。

学生活动	教师组织	活动意图
1. 分8组，小组合作探究：队长带领组员观察地图，并根据地图，小组分工，布置场景。了解背景，明确任务 2. 观摩教师讲解示范，牢记要领 跨：单脚起跨并轻盈落地 跳：屈膝缓冲，两脚用力蹬地，踝、膝关节发力，迅速起跳 绕：身体前倾，控制重心，快速位移 钻：深蹲侧身，迈步前行 爬：抬头看前方，四肢着地，屈臂蹬腿，协调用力 投：转体引臂，大臂带动小臂，快速投出 平衡：两脚交替行走，保持平稳 3. 分组学练：完成1轮练习 场地一：跨、跳 场地二：绕、钻 场地三：爬、投 场地四：平衡、上肢力量练习 4. 展示与观察：梳理要领 5. 分组练习（每个场地完成一轮）	1. 创设情景，介绍抗美援朝战争期间几个事件，及场地划分，并发放地图 2. 情境创设：介绍抗美援朝的几个事件，作战环境的恶劣及艰辛 3. 教师讲解，强化动作要领，并和队长示范闯关方法 4. 组织学生练习，巡回指导 5. 邀请学生展示，再次强化动作要领。并强调注意安全 6. 继续组织学生练习，并巡回指导	1. 通过小组合作探究，"观察地图"，进行任务布置，锻炼学生的动脑、动手能力及团队协作能力 2. 以抗美援朝的真实事件模拟情境，并将线索贯穿全课，营造合理的氛围，突出运用与拓展

学习任务三：冲出战壕，乘胜追击。

学生活动	教师组织	活动意图
1. 回顾故事，进入情境 2. 观摩教师讲解示范，明确方法与要求 3. 分组进行2分钟学练，总结要领，分享经验 4. 完成2～3次比赛：敢于在实战中运用战术，合理调整 5. 感受分享 6. 认真听讲并学习革命精神 7. 以少先队队礼向革命先烈致以崇高敬意	1. 情境创设："乘胜追击"史实简要回顾 2. 讲解示范追击要求，躲避敌人的障碍，冲出战壕 3. 组织学生开展学练，巡视指导，鼓励与表扬 4. 组织学生完成2～3次比赛（难度升级，按指定颜色要求），渗透战术思想 5. 简要总结 6. 教师介绍抗美援朝英雄事迹 7. 组织学生向革命先烈致敬，感谢英雄们用生命换取我们今日的幸福生活	1. 通过集体比赛展示运动技能掌握情况，锻炼学生的协作能力与团队精神，养成良好合作意识，增强身体素质 2. 抓住情感与技能两条主线，强化技能提升、合理分配体能的同时，锤炼意志、健全人格

学习任务四：体能练习。

学生活动	教师组织	活动意图
1. 两人平板支撑交替击掌（1分钟） 2. 两头起练习（20次×2组）	组织学生体能练习，并和学生一起练习	提升学生身体素质，磨炼意志

学习任务五：放松活动（牵拉）、小结和课后作业。

学生活动	教师组织	活动意图
1. 认真听故事，并跟随教师调整呼吸、放松 2. 学生聆听并提问 3. 牢记课后练习及要求 4. 向老师道别，值日小组整理器材	1. 播放抗美援朝历史纪录片，指导学生调整呼吸并放松身心 2. 评价，组织分小组和集体探究、提问询问 3. 布置课后练习 4. 宣布下课，组织学生一起收器材	深化学生对抗美援朝历史的理解，强化爱国主义情怀，同时放松身心

四、设计思路

本课教学紧扣《义务教育体育与健康课程标准（2022年版）》精神，立足落实"立德树人"的根本任务，坚持"健康第一"的教育理念，强化"享受乐趣、增强体质、健全人格、锤炼意志"的改革目标，以"教会、勤练、常赛"为抓手，结构化系统设计大单元相关内容、目标、方法、评价。

本课基于新课标内容中跨学科主题学习"钢铁战士"水平二为导向，以抗美援朝历史为主线，结合真实历史事件与多学科知识，运用跨学科知识探究障碍跑原理，强化运动技能学练和运用的价值及文化内涵。在沉浸式的学习氛围中，引导学生体验战士角色，促进学生理解发展体能的作用，培养学生分析与解决问题的能力，培养顽强拼搏、勇于担当、团结协作的品质，树立民族自尊心自信心，增强爱国主义精神。

（成都市金兴北路小学　李娜；成都市向阳桥小学　陈瑞）

案例八　红军不怕远征难

本案例围绕跨学科主题"红军长征（水平三）"进行活动设计，通过模拟"红军不怕远征难"情境，引导学生在体育活动中综合运用劳动、美术、语文、历史、地理、音乐等知识与技能，培养学生用积极的心理暗示去挑战困难。

一、育人价值

（1）通过指导学生合作创编不同形式的障碍跑或游戏环节练习，提升学生肌肉力量、耐力、协调性及基础体能，培养学生合作学习能力与团队精神。

（2）通过创设红军翻雪山、过草地及强渡金沙江的情境，培养学生的顽强的意志和坚韧不拔的精神。让学生学会用积极乐观的心态去面对困难，战胜困难。

（3）通过模拟"红军长征的经过"的场景，培养学生的爱国精神、奋斗精神和团结互助的精神。

（4）学生遭遇挫折或困难时易产生消极情绪，通过教师引导和同学们的积极鼓励克服困难，战胜困难，从而促进学生健康成长。

二、活动目标

（1）综合运用历史、地理等知识，了解红军长征的历史渊源和当时的地理环境。

（2）演绎"红军不怕远征难"场景，提升组织协调、沟通与互助能力。

（3）在模拟"红军不怕远征难"的过程中，提高对自身身体的掌控、协调能力以及基础耐力，增强对体育课程的认识，激发参与体育锻炼的兴趣，锤炼团结协作、攻坚克难、勇于挑战等优良品质。

（4）培养学生在遇到困难时，以积极心态面对并挑战困难，最终收获成功。

三、实施过程

学习任务一：通过网络查询了解红军长征的历史背景，观看视频。

学生活动	教师组织	活动意图
1. 通过网络了解红军长征的历史背景 2. 小组合作搜集红军长征过程中遇到了哪些困难 3. 了解红军长征的路线图	1. 引导学生理解红军长征的历史原因 2. 给学生讲述红军不怕困难的事迹 3. 学生练习中遇见困难时，教师及时帮助并鼓励其通过小组合作克服困难	1. 通过学习红军长征的历史背景、原因及克服困难的历程，感情长征精神 2. 通过小组合作练习，提升学生的团队合作能力

学习任务二：了解红军长征时的详细路线以及长征过程中的重大转折点。

学生活动	教师组织	活动意图
1. 查阅红军长征路线及选择依据 2. 各小组绘制红军长征的路线图 3. 开展交流活动，探讨红军长征中的困难与克服过程，总结胜利经验 4. 制作长征主题道具，小组模拟长征情境，引导学生情感共鸣	1. 引导学生如何查询资料，学习关于红军长征的历史知识，激发学生主动学习的兴趣 2. 绘制路线图时，需标注地形、季节及关键时间节点 3. 深入体会红军长征时的情景，面对困难时勇往直前的画面	1. 拓宽知识领域，提高学生自主的能力 2. 提高学生的动手能力以及观察能力 3. 提升学生语言表达以及合作探究的能力 4. 引导学生在遇到困难时，用什么样的一种心态去面对困难，战胜困难

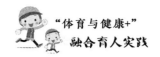

学习任务三：扛起红军长征的旗帜，开展"红军不怕远征难"远征赛（模拟红军长征的情景）。

学生活动	教师组织	活动意图
1. 翻雪山：两人一组，翻越攀岩墙（通过风扇模拟强风天气） 每两人为一小组，一共4个小组同时出发，前一组同学翻越雪山后，后一组同学紧接着出发（每组4次） 2. 过草地：在球场上设置一块障碍地，学生手拿物资匍匐前进，不能碰触头上的障碍物，安全把物资带到胜利点 在草地两侧各站4个大组的人，左边同学先行拿上物资出发，出发到达右边同学时将物资交给同学。右边同学出发交给左边的同学形成接力 3. 渡长江：三人一组，小组队员合作穿过特定的独木桩（相互合作不能掉下独木桩）到达小推车地点，一名同学蹲卧在小推车上，其他两名同学将其推到胜利点 三人为一个小组，每次4个小组同时出发，到达长江中央的时候，下一组同学紧接着出发（每组4次）	1. 讲解红军长征精神并示范活动规则，引导学生注意安全和保护同伴，避免受伤 2. 说明红军长征和团队协作的意义 3. 播放激昂的革命主题音乐，小组内学生可以大喊加油鼓励同学，激发学生的斗志 4. 在练习的过程中体会长征路途快而不乱的秩序，遵守好规则，一前一后 5. 在学生出现前进困难或者阻碍时，积极引导，引导学生战胜困难冲向终点完成任务，让学生体会到战胜困难的成就感	1. 提升肌肉力量、耐力、协调性及基础体能 2. 体验多样化困难场景，学习应对策略 3. 不怕困难，勇往直前完成任务，形成团结协作，积极向上的奋斗精神。体验战胜困难的喜悦与失败后的坚持不懈

学习任务四："远征"分享。

学生活动	教师组织	活动意图
1. 分享小组在进行"远征"的时候，面对困难是怎样的一个心理 2. 如何树立面对困难时的积极心态 3. 组内派代表分享自己组员面对困难时的心理活动	1. 教师如何积极引导学生面对困难时树立正确的心理观 2. 教师组织学生分享自己面对困难时的心理活动 3. 教师点评学生发言	1. 让学生正确树立面对困难时的心理活动 2. 引导学生用正确的心理观去战胜困难，从而获得成就感

四、设计思路

"红军不怕远征难"以红军长征为背景，引导学生模拟不同的环境，开展各种障碍挑战赛。本活动旨在引导学生理解红军长征历史和地理知识；在模拟红军长征的挑战赛中，通过多样化挑战提升肌肉力量、耐力、协调性及基础体能；结合美术与劳动实践，增强学生动手能力；融入语文与音乐元素，模拟长征场景以深化历史体验。

本活动给学生提供了一个开放性的舞台，引导学生通过团队协作了解红军长征的历史背景和长征路线。通过系列挑战赛提升学生的肌肉力量、耐力、协调性及基础体能。学生通过自主设计场地，深刻体会红军勇往直前的精神，培养学生不怕困难、团结协作、积极向上的奋斗精神。

（成都市石笋街小学新津分校　肖鑫、周鸿健）

案例九　运动因拼搏而精彩

本案例围绕体育与德育相融合，以"运动因拼搏而精彩（水平二）"为主题进行跨学科主题活动设计，通过观看"足球比赛"的视频以及开展小组游戏竞赛活动，实现在体育活动中对德育教育的渗透。

一、育人价值

通过了解中国男足团队协作实例，理解足球作为团队项目需依赖协作而非个人能力，明确体育品德中团结合作、顽强拼搏的含义。

通过小组竞赛增强学生顽强拼搏意识，让学生自觉地在体育活动中表现出积极的体育品德。

二、活动目标

（1）通过讲述体育故事、观看视频，学生理解团结合作与顽强拼搏在体育运动中的意义。

（2）通过游戏实践，学生能体会优秀团队具备的品质，培养学生团结合作的体育品格。

（3）通过本课教学，学生能对高尚体育品德的行为心生敬仰，激发学生爱国主义意识和为国争光的动力，发扬顽强拼搏的体育精神。

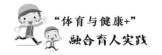
三、实施过程

学习任务一：个人分享知体育精神。

学生活动	教师组织	活动意图
1. 学生汇报了解的中国的足球运动员 2. 通过学生的收集和了解，分享最喜欢的足球运动员故事及其品质 3. 针对老师列举的男足运动员案例（虽个人能力强但团队成绩不佳），请谈谈你的看法	1. 课前让大家了解咱们中国的足球运动员（男足、女足运动员都可以） 2. 依次出示足球运动员照片，学生知道就说出来 3. 分享一位优秀的足球运动员的故事（体现虽然个人能力很强，但是没有团队协作，依然不能赢得比赛）	1. 学生根据老师的预留作业进行相关人物和知识的了解，培养学生自主学习的能力 2. 通过教师对中国足球运动员的介绍，让学生更了解中国足球运动员和中国足球的现状 3. 通过案例理解"个人能力需与团队协作结合"的重要性。只有把每一位运动员的力量合在一起才能让一个团队发光发彩！

学习任务二：合作游戏生团队意识。

学生活动	教师组织	活动意图
1. 播放学校集体运动会的视频，从中总结出一个优秀的团队要具备哪些品质 2. 通过游戏进行实践： （1）听规则，看视频。分小组讨论如何取得胜利（可以设计一个组名或口号） （2）分小组练习 （3）小组比拼，看哪一个小组能最先完成游戏 （4）讨论：赢得比赛需要哪些关键因素？（小组推举一人进行汇报） （5）通过实践，体会团队必备的品质（学生齐读板书内容） （6）再次进行游戏挑战	1. 提问：在班级团队中，你们遇到过哪些挫折或困难？是如何解决的？根据学生的回答适时板书，例如：目标一致、团结协作、坚持不懈、顽强拼搏…… 2. 教师组织学生进行"一圈到底"比赛 比赛规则：组内学生手牵手站成一排，呼啦圈从第一个学生开始传递，传递过程中手不能松开，只能用身体控制进行呼啦圈的传递 （1）教师播放游戏视频，讲解游戏规则 （2）教师巡视小组练习，观察学生间的团队协作情况 （3）教师组织学生进行小组比拼 （4）请各小组的成员谈比赛感想 （5）通过学生的感想总结出团队具备的品质 （6）鼓励学生发挥自身和团队优势，再次组织学生进行比赛	1. 发掘自身与团队优势，在游戏中学会合作 2. 感受共同拼搏的意义，形成集体主义精神

学习任务三：树立理想，为国争光。

学生活动	教师组织	活动意图
1. 观看学校女子足球队"花木兰"的视频，请班上的"花木兰"谈一下自己的感受 2. 观看中国女足发展视频，分离体会并分析其成功原因，探讨个人与团体所需品质 3. 明确实现体育强国目标需顽强奋斗与团结一心	1. 组织学生观看学校女子足球队"花木兰"的视频，引导学生学习花木兰精神 2. 通过学校女子足球队，引出中国女足，并讲解他们从不易到巅峰的过程 3. 教师总结：要实现体育强国的目标，需要我们每一个青少年顽强拼搏、团结一心才能实现	1. 通过学校女子足球队，树立学生"为国争光不分男女"的观念 2. 通过中国女足发展史，学生理解实现梦想需奋力拼搏与团队协作

四、设计思路

本次课以了解中国足球运动员为切入口，引导学生提前了解中国的足球运动员以及中国男子足球队和女子足球队，了解这些运动员身上的优秀品质，激发学生对足球运动的兴趣。在此基础上通过教师对这些足球运动员和中国足球的深入介绍，了解目前中国足球的现状。再通过观看队员的比赛视频，理解个人能力虽强，但团队协作不足仍难以取得佳绩，明白团体项目，一个人强不算强，团队强才是强。只有凝聚每位运动员的力量，团队才能发挥最大价值。

教师通过"一圈到底"游戏，引导学生实践并总结团队必备的品质。最后通过本校的女子足球队"花木兰"，引出中国女足，树立"为国争光不分男女"的观念，学习顽强拼搏与团结一心的精神，感受体育强国是中国梦的目标。

（成都市太平寺西区小学　何煜萌；成都市金兴北路小学　蒋东梅）

案例十　三子棋

本案例围绕跨学科主题"以体促智（水平二）"进行活动设计，通过"三子棋"在折返跑中的运用，引导学生在体育活动中遵守游戏规则，促进学生综

合分析判断能力的发展，激发学生的求知欲与挑战欲，从而提升学生的核心素养。

一、育人价值

（1）通过引导学生体验不同方式的折返跑，让学生在科学方法指导下完成身体练习，促进基本运动技能与体能的发展。强化规则意识并激发学习兴趣。

（2）通过完成"三子棋"游戏，促进学生个体间及个人与团队间的思维碰撞，提升学生思维活力。

（3）通过"三子棋"游戏，促进学生思考、归纳、总结、运用能力提升，从而培养学生主动与同伴相互交流合作，勇于挑战，诚信友善的意志品质。

二、活动目标

（1）通过学练赛，学生掌握"三子棋"游戏规则及快速折返的动作技术，发展学生上下肢力量和反应能力。

（2）促进学生形成规则意识，养成健康行为、运动习惯及安全意识。

（3）引导并培养学生主动与同伴相互交流合作，形成顽强拼搏诚信友善的品质。

三、实施过程

学习任务一：技能学习——折返跑技术动作。

学生活动	教师组织	活动意图
1. 初步掌握折返跑的相关技术动作 2. 学生体验折返跑折返时脚蹬地的动作，完成游戏点烟花	1. 引导学生了解折返跑对锻炼的意义，组织学生通过学练体验初步掌握折返跑技术 2. 引导学生在学练中相互交流点评，相互纠错 3. 讲解"点烟花"游戏规则及其与折返跑的关联	学生通过学练掌握折返跑技术动作，并通过"点烟花"游戏巩固技能，提升学生快速反应的能力

学习任务二：初露锋芒——学习掌握"三子棋"的规则并进行小组内游戏。

学生活动	教师组织	活动意图
1. 掌握"三子棋"的规则 2. 结合折返跑技术动作开展"三子棋"游戏 3. 协助老师画九宫格棋盘	1. 通过示范与讲解，引导学生掌握"三子棋"游戏规则 2. 通过"三子棋"游戏来巩固折返跑的动作技术 3. 通过游戏激活学生思维，促进主动思考	通过"三子棋"游戏激发学生思考落子策略，再结合折返跑技术，通过小组比赛与挑战激发学生练习兴趣

学习任务三：狭路相逢——小组间进行"三子棋"比赛，采用积分制。

学生活动	教师组织	活动意图
1. 通过抽签确定比赛对手 2. 在下棋的过程中注意动作技术的运用 3. 在游戏中遵守规则并践行诚信	1. 组织学生完成分组和抽签 2. 鼓励学生在合作交流中相互鼓励、永不言败	通过小组"三子棋"比赛激发学生竞争意识，鼓励争取积分，引导学生积极思考落子和运用折返技术快速转身

学习任务四：三国争霸——三个小组间进行"三子棋"比赛五局，采用积分制，积分多为胜。

学生活动	教师组织	活动意图
1. 积分前三的小组在 4×4 的棋盘中进行比赛 2. 进行体能专项练习	1. 讲解三国争霸的游戏规则 2. 鼓励学生在合作交流中相互鼓励、勇敢顽强，体验运动乐趣	通过下"三子棋"让学生在不知不觉中去运用到折返跑动作技术，促进了动作技术的进一步强化和巩固

四、设计思路

本课以新课标为理念，以学习本领、体验感受、组内比赛、相互挑战为主线，激发学生的学习兴趣和参与挑战热情，促进学生思维活跃性与决策能力发展，发展学生的核心素养。充分利用有限的时间与空间，力求让学生在快乐中学习快乐中运动。

为了帮助学生对折返跑技术的学习，结合"点烟花"、"三子棋"等游戏，

借助游戏发展学生基本运动能力，让学生能够把所学在游戏中进行运用，既激发了学生思维能力，又提高了锻炼效果。

（四川大学附属实验小学　肖庆丰；成都市武青西三路小学　冉吉林）

案例十一　小小美猴王爱运动

本案例主要围绕体育＋美育进行跨学科主题设计，以"小小美猴王爱运动（水平二）"为主题，结合四年级学生的身心特点，从学生兴趣入手，通过情景导入，设计卡通人物将美术和武术课贯穿于教学之中，学生在情境化教学中适应运动负荷，掌握武术技能。在美育的熏陶下，提升学生在多样化学练场景中的审美能力与人际交往能力，从而感受崇武尚德的快乐与审美情趣。

一、育人价值

（1）通过指导学生合作设计卡通人物武术组合动作并进行练习，提高学生上下肢协调能力，培养学生的合作学习能力和团队精神。

（2）通过创设美术卡通武术人物并合作练习，培养学生的审美能力与武术精气神。

（3）通过武术情景故事创设，培养学生克服困难、坚韧不拔的意志品质。

二、活动目标

（1）学习武术的组合动作，学生理解并步、格挡、冲拳、穿掌等武术动作术语，掌握组合动作的技术要点。

（2）根据武术组合动作，学生创作卡通人物形象，增强动作的直观感知。通过创设不同的学习环境，学生有较强的学练兴趣。

（3）学生体会武术的"精""气""神"，激发武术动作练习的积极性。

三、实施过程

学习任务一：了解美猴王故事背景，观察教师展示的图片并聆听讲解。

学生活动	教师组织	活动意图
1.　通过聆听老师讲述，了解美猴王热爱武术的故事 2.　认真思考美猴王为什么本领高强，为什么展示的动作都非常漂亮 3.　内心对美猴王充满崇拜，向美猴王学习	1.　引导学生观看美猴王学武术的图片 2.　讲述美猴王故事，增进学生对角色背景的理解 3.　引导学生积极思考，并从内心产生强烈的学习热情	1.　通过观察图片及聆听教师讲解，了解美猴王本领高超的缘由，激发学生的学习兴趣 2.　情景引导，激发学生的思考

学习任务二：情景导入并在游戏中模仿基本手型、步型和冲拳。

学生活动	教师组织	活动意图
1.　融入"小小美猴王爱运动"情境中 2.　模仿老师参与引导性小游戏：小小美猴王爱运动 （1）小小美猴王上山：武术手型操 （2）小小美猴王下山：武术步型操 （3）小小美猴王嬉戏：各种方式的手型、步型组合动作及冲拳练习	1.　教师通过语言引导学生进入情境 2.　播放"小小美猴王"主题乐曲，指导学生跟随音乐练习武术手型、步型与冲拳动作 3.　创设"小小美猴王爱运动"情景，依据情节组织学生进行武术步型及各种方式的冲拳练习	1.　参照新课标理念，注重情景教学，让学生融入情景教学中 2.　增强学练兴趣，让学生在小游戏模仿中学会武术的手型、步型组合动作及冲拳动作

学习任务三：小小美猴王学艺，武术组合动作学练。

学生活动	教师组织	活动意图
1.　深入小小美猴王学艺的情景中 2.　观察教师示范动作并说出武术手型、步型动作名称 3.　跟老师一起学练武术组合动作：并步抱拳—格挡弓步冲拳—弹踢冲拳—马步架冲拳—歇步冲拳—仆步穿掌—前点步撩掌	1.　情景深入，引导学生随情景展开学习，老师通过语言进行引导 2.　教师示范完整动作：并步抱拳—格挡弓步冲拳—弹踢冲拳—马步架冲拳—歇步冲拳—仆步穿掌—前点步撩掌，并引导学生一一喊出动作名称 3.　带领并指导学生集体学练组合动作，请动作标准的同学到前面当小老师带领动作	1.　巩固武术动作的基本手型和步型动作 2.　掌握武术组合动作：并步抱拳—格挡弓步冲拳—弹踢冲拳—马步架冲拳—歇步冲拳—仆步穿掌—前点步撩掌

学习任务四：小小美猴王合作学艺，六人小组进行自主学练。

学生活动	教师组织	活动意图
1. 分成6人小组在指定区域强化组合动作：并步抱拳—格挡弓步冲拳—弹踢冲拳—马步架冲拳—歇步冲拳—仆步穿掌—前点步撩掌的练习 2. 6人小组相互指导纠错 3. 在老师指导纠错下将组合动作学练得更加有精气神	1. 指导学生以六人小组形式练习组合动作。给学生指定好训练的区域，并引导开始练习 2. 巡视并指导各小组练习情况，评价并激励学生，提示动作的力度及标准度 3. 鼓励同学们认真学练的态度	1. 培养学生自主学练意识 2. 培养学生的合作学习能力以及相互帮助，友好合作的品格 3. 培养学生的沟通能力及问题解决意识

学习任务五：小小美猴王集体展示，分小组进行展示比赛，并进行体能练习。

学生活动	教师组织	活动意图
1. 各小组在组长带领下进行展示比赛 2. 进行体能练习：波比跳、开合跳、俯卧撑、蹲跳	1. 组织各组进行展示比赛，并给出评分 2. 带领学生进行体能挑战	1. 以赛促练，激发学生积极性 2. 分享成功喜悦 3. 体能训练

学习任务六：小小美猴王放松身心，放松并布置武术卡通人物设计作业。

学生活动	教师组织	活动意图
1. 跟随教师进行身心放松：上肢拉伸与腿部拉伸 2. 听老师小结本课并记住需要完成的作业：把今天所学的武术动作用画画的形式设计一张"小小美猴王学艺"的图示	1. 带领学生进行放松拉伸练习 2. 小结本课并布置设置卡通武术人物作业。引导学生具备审美情趣	1. 放松身心 2. 跨学科培养学生综合素养，提升审美情趣与武术动作规范性

四、设计思路

美术是创造美，体育是展现美。本案例围绕体育和美育，以"小小美猴王爱运动"为主题，设计符合四年级学生身心特点的情境，让学生在情境中以小游戏的方式先学会武术的基本步型、手型等动作，再进行集体的学练武术组合动作。通过对动作的熟练后，引导学生自主分小组进行巩固练习，教师进行巡视指导，最后，在教师的指导下进行分组展示比赛，让学生体验成功的喜悦。

本课更多地注重学生体育品德的培养，通过分组学练培养学生交际能力、合作能力、团队精神。通过小游戏，培养学生规则意识和协作意识。

本课的跨学科融合点主要在课后体现，学生将本次课所学的武术动作，以家庭作业的形式，进行武术卡通人物的设计，可以大胆想象地进行创作，用夸张、变形、幽默的手法尝试武术卡通人物形象的设计，结合武术组合动作特点，让学生设计的卡通形象变成一个个武术大师。

（四川师范大学附属圣菲学校　朱太杰）

案例十二　情报员巧取情报

本案例围绕跨学科主题"钢铁战士（水平三）"进行活动设计，通过模拟"情报员巧取情报"的场景，引导学生在体育活动中综合运用国防教育及历史、安全等知识与技能。

一、育人价值

（1）通过查阅资料让学生了解全民国防教育日的由来，通过创设"情报员巧取情报"的场景，培养学生的国防意识和爱国主义精神。

（2）通过创设"情报员巧取情报"情境，帮助学生进入情报员的角色。通过团队协作完成障碍跑，提升学生奔跑与闪躲能力，培养学生发散性思维、合作能力及团队精神。

二、活动目标

（1）通过查阅资料，综合运用国防、历史与安全等知识，了解历史渊源，体会革命胜利的不易，形成积极乐观的人生态度。

（2）演绎"情报员巧夺情报"场景，提高学生组织与协调、沟通与表达、决策与反思、探究与创新等能力，强化自我保护及保护他人的意识。

（3）在模拟"夺取情报"的过程中，学生掌握跑、跳、投结合的障碍跑的技能，提高奔跑、闪躲能力；提升学生对田径运动的兴趣，锤炼团结合作、坚韧不拔、勇敢顽强等优良品质。

三、实施过程

学习任务一：了解"全民国防教育日"的由来。

学生活动	教师组织	活动意图
1. 小组内分享课前查阅的关于"全民国防教育日"的由来与相关历史 2. 通过网络了解抗战时期情报员的相关故事，小组讨论传递情报可能会遇到哪些困难	1. 引导学生进行分享，对相关知识及时进行补充，给予学生帮助 2. 引导学生了解情报员传递情报的方法，分析可能遇到的困难	1. 通过课前资料分享普及国防教育，使学生理解和平生活的珍贵，弘扬爱国主义精神 2. 通过团队合作，与交流解决问题，以积极的状态投入探究活动中

学习任务二："情报员"技能训练。

学生活动	教师组织	活动意图
1. 组建情报员小分队：通过慢跑抢夺地标垫，按数字与颜色分组 2. 明确情报获取任务的难度，了解通过各关卡的技术要领，提高对障碍跑的兴趣 3. 练习奔跑技能：跨越障碍、闪避、冲刺等 4. 小队讨论夺取情报的战术：奔跑的路线、形式等	1. 导入"情报员"夺取情报的情境，组织学生寻找小分队成员 2. 让学生了解障碍跑的组成部分及各部分的动作技术要领 3. 指导学生在已掌握技能基础上，根据任务难度提升动作质量 4. 引导学生根据现场实际情况调整团队行进的方法，讨论行进路线和形式，及时给予帮助得出最佳行进路线和团队配合方法	1. 通过创设情境，激发学生学练兴趣，慢跑中明确小分队成员并充分热身，为迅速进入接下来的学习做好铺垫 2. 通过小组讨论提升思考与创新能力，锤炼团队协作及勇敢顽强的品质

学习任务三："情报员"初体验。

学生活动	教师组织	活动意图
1. 模拟"情报员获取情报"情境，了解夺取情报的要求 2. 各队确定成员分工，模拟夺取的情境，团结协作完成情报的夺取，并到教师处确认情报	1. 将情境融入教学中，引导学生了解夺取情报的要求和场地条件 2. 引导学生完成模拟情报员夺取情报的分工，提示在夺取过程中注意自我保护和互相保护，增强应变能力，提示被"炸弹"击中的学生原地蹲下观察其他组的协作	1. 通过情报员夺取情报的演练，将跑、跳、投进行组合，学生进行团队分工设计，发散学生思维和思考能力 2. 通过跑跳投结合的障碍跑，提升学生的速度、灵敏等身体素质，提高学生的心肺耐力等体能 3. 通过小组合作，培养学生的团结合作意识与竞争意识

学习任务四：实战演练"情报员"巧夺情报。

学生活动	教师组织	活动意图
1. 各小队进行总结，讨论如何通过协作最小化"伤亡"完成任务 2. 小队根据商讨和分工，再次进行演练 3. 课后作业：撰写本次情报获取活动的感悟	1. 及时给予帮助得出优化后的行进路线和团队配合方法 2. 提示在夺取过程中注意自我保护和互相保护，迅速完成情报拼接并传递	1. 引导学生永不放弃希望，坚持不懈，不怕困难的优良品质 2. 综合运用国防教育、安全等学科知识，发展创新能力，厚植学生爱国主义情怀

四、设计思路

"只要国家存在，就有国防，国防教育就要长期进行下去，作为公民的终身教育来抓。"国防教育有助于培养学生的爱国意识，让学生明确国家安危与公民个体发展的关系，树立大局意识。

本设计以全民国防教育日为背景，通过创设"情报员巧夺情报"的情境，引导学生模拟真实的场景，开展各种障碍跑的学练，目的是让学生了解革命胜利的艰辛与不容易，并让学生综合运用国防、历史、安全等学科知识，丰富学生的知识储备；在模拟情报员演练活动中，结合多样化情境与突发状况，培养学生的团队合作能力、国防意识和爱国主义精神。

（四川天府新区第四小学　郑丹；四川天府新区永兴中学　刘龙春；四川天府新区第六小学　任维芳）

案例十三　篮球训练突发事件心理调控案例

本案例围绕"篮球训练突发事件心理调控（水平四）"进行活动设计，通过在篮球训练中，当比赛队员出现自责自卑情绪、过激语言或不恰当动作时，双方队员情绪失控并发生冲突的情景，引导学生在发生此类情况时，应该如何处理并及时调整自己情绪和心理感受。教师在此类情况下如何利用心理调控方法帮助学生进行心理调控，并且安抚其情绪。

一、育人价值

（1）通过指导学生进行篮球比赛，提高学生篮球基本功与心肺耐力，培养学生团结协作的精神。

（2）通过模拟篮球比赛中的自卑、语言冲突、肢体冲突等场景，培养学生克服困难，坚韧不拔的体育精神。

（3）教师运用心理调控技能引导学生反思，培养学生及时调整，勇于承担，自信自强的意志品质。

二、活动目标

（1）综合运用心理学、篮球运动等知识技能，了解在篮球练习中常出现的情绪变化。

（2）通过组织篮球基本功训练、比赛，提升学生的自主意识、沟通能力、临场反应及团队协作能力。

（3）在整个篮球训练中，掌握篮球运球、传接球及行进间运球技术动作；熟悉比赛规则，提高在比赛中将传接球、运球技术动作的运用能力，增强学生对篮球运动的兴趣，锤炼意志。培养团队协作、克服艰难、勇于承担的优良品质。

三、实施过程

学习任务一：进行双人传球和单人运球练习，随后组织红队与蓝队进行篮球比赛。

学生活动	教师组织	活动意图
通过学生自主选择分配，两人一球传球练习；随后再单人进行运球练习；最后将所有队员分为红、蓝两队，分队后进行篮球全场 5V5 比赛	教师组织学生自主分队，分好队伍以后教师担任本场比赛裁判，吹哨判罚时以保障比赛流畅为原则，让队员充分发挥现有篮球水平	通过双人传球练习；单人运球练习；队内篮球比赛，观察并记录学生在训练中的心理变化

学习任务二：冲突应对——应用心理调控方法。

学生活动	教师组织	活动意图
1. 在双人传球中由于一名同学动作不标准导致两人迟迟无法完成任务，一名同学埋怨搭档而另一名同学产生自责心理 2. 运球练习中一名同学担心掉球产生紧张自卑心理 3. 比赛中由于两名队员语言和技术动作的原因发生冲突，相互推搡起来，情绪激动，此时其余同学上前劝阻	教师应用心理教师指导的情绪调控方法进行干预	学生在训练中因心理波动引发冲突时，教师需冷静应对

学习任务三：冲突处理与心理疏导。

学生活动	教师组织	活动意图
1. 自责自卑以及指责的同学分别被教师叫停练习 2. 冲突双方队员分开到安全区域进行冷静与反思 3. 其余同学在安全区域进行传球与跑动练习	1. 教师对同学进行个别心理疏导 2. 制止冲突队员，并将其带到安全区域，并对其做冷处理，让其自己反思冷静 3. 安排非冲突学生继续练习，帮助其平复情结	教师需要冷静客观，不带有任何主观意识。冷处理旨在引导学生自我反思

学习任务四：情结调节与反思引导。

学生活动	教师组织	活动意图
1. 学生深呼吸 2. 学生通过深呼吸调整自己心态，平复自我情绪 3. 学生对事件的充分表达，说出自我的想法与看法	1. 在教师的示范下，学生利用深呼吸的方法调节自我情绪 2. 引导学生对事件进行全面复盘，让其充分表达，这样能让孩子感受到尊重 3. 教师提炼学生表达的关键点并即时总结	深呼吸能让学生快速冷静下来，学生的充分表达有助于教师捕捉关键信息，从而及时回应与总结

学习任务五：规则与技术强化指导。

学生活动	教师组织	活动意图
学习训练中心态调整方法，掌握规则和技术动作的规范应用	针对突发情况，老师进行相应指导。针对技术问题，教师进行现场示范与指导。如果是规则方面，老师可以进行规则重述，帮助学生清晰理解规则	让学生认识到训练需要用正确的方式进行

四、设计思路

篮球训练中常出现语言冲突或学员心理波动现象，老师应引导学生在出现类似情形时做好自我调整，在双方队员出现语言和肢体上不恰当行为，可从以下五方面做引导：

（1）冲突发生时教师需保持同理心，避免个人情绪介入。

（2）立即制止冲突，防止冲突进一步升级。及时将冲突双方带至安全区域同时引导其他队员进行正常的练习，保证正常秩序。

（3）冷处理冲突双方，通过深呼吸调节法引导情绪平复。

（4）教师给予冲突双方60～90秒陈述观点，老师要抓住学生讲述的关键点并及时回应小结，让学生感到被尊重。

（5）针对冲突情况，老师进行相应指导。如果是技术方面，老师可以当场示范，为学生提供技术指导。如果是规则方面，老师可以进行规则重述，让学生对规则有更清楚的了解。

（北京第二外国语学院成都附属中学 黄烈鹏）

案例十四　忠诚的祖国卫士

本案例围绕跨学科主题"钢铁战士（水平四）"忠诚的祖国卫士进行活动设计，通过模拟"忠诚的祖国卫士"的战斗场景，结合革命先烈的英雄事迹，在体操项目的学练中模拟军事训练场景，引导学生灵活运用所学运动技能，培养学生迎难而上、不怕受伤、挑战自我的钢铁意志。

一、育人价值

（1）通过指导学生合作设计多样化环境中的体操组合练习，增强学生的心肺耐力，培养学生的合作学习能力和团队精神。

（2）通过创设"边境战事"与"火速支援"情境，培养学生的国防意识和爱国主义精神。

（3）通过创设情境，在体操组合技能学习中培养学生自信自强、克服困难、勇敢顽强、坚韧不拔的意志品质。

二、活动目标

（1）在"忠诚的祖国卫士"主题情境中，通过观看祖国军人在维护祖国领土的视频和国防教育知识，学生理解我国国防与军队的使命责任。

（2）通过模拟"忠诚的祖国卫士"情境，学习体操组合技能与知识。让学生在火速支援环节中，了解到不同兵种之间的任务与责任以及在团队中职责的重要性，强化学生对团队协作重要性的认识。

（3）学生在比赛情境中，深化对军人使命感与责任感的理解，巩固所学的体操的组合运动技能，将所学的运动技能运用到实践中去。

三、实施过程

学习任务一：了解祖国的广袤边境，与周边国家有冲突的历史背景，观看相关的视频。

学生活动	教师组织	活动意图
1. 通过多媒体了解我国边境的广袤性与周边国家冲突的历史背景 2. 小组合作探究，综合运用科学、地理、军事知识，分析边境冲突中公民的责任与应对方式	1. 引导学生理解在不同历史时期的祖国军人为保卫祖国边境作出的重要贡献 2. 在学生遇到困难时，及时给予帮助，鼓励学生进行小组内部与小组之间的相互学习与交流	1. 通过学习和了解不同历史时期国防边境的历史冲突，尝试多角度分析问题，提升学生的综合实践能力和目标达成能力 2. 尝试通过团队合作与交流解决问题，以积极的状态投入探究活动中

学习任务二：体操基础动作训练——忠诚卫士成长记。

学生活动	教师组织	活动意图
1. 根据相应的分组进行单个项目的练习，激发学生对体操的兴趣和参与积极性，克服恐惧心理 2. 小组间交换练习不同体操单项动作 3. 在练习中，进行小组合作，互相激励，帮助同伴克服对体操技能的恐惧心理	1. 导入"忠诚的祖国卫士"成长情境；军人需具备扎实的理论知识、强健及坚韧意志，以应对边境安全挑战。引导学生进行体操运动单个项目的练习 2. 引导学生发现问题解决问题	1. 通过学习体操运动单个项目的技术动作，为接下来的组合动作奠定基础 2. 通过体操单项动作练习，锤炼学生身体素质与意志品质 3. 通过学练体操的单个动作，锤炼学生身体素质和意志品质

学习任务三：体操组织技能训练。

学生活动	教师组织	活动意图
1. 模拟边境出现情况时，根据小组合作讨论，通过组合体操练习，模拟突破"障碍"抵达"前线"完成战略支援任务 2. 积极思考通过"障碍"时遇到的问题，与同学合作探究，突破重难点 3. 根据调整器械，进行不同的组合练习，找出合理的快速通过"障碍"的方法，并且合理地运用所学体操技术动作进行学练	1. 引导学生进行学练，将战略支援背景融入教学情境；讲解并演示练习方法，提出练习要求及要点 2. 引导学生发现问题解决问题。规范组合动作的准确性与协调性（符合体操规则要求） 3. 提示学生在活动过程中对学生进行自我评价及相互评价	1. 通过模拟边境出现情况时战略支援场景，如何快速地通过各种障碍物到达前线，学练体操动作技能的同时，渗透家国情怀教育 2. 学生在进行器械的组合练习时，通过不同的组合练习，找到最合理的组合顺序。完成动作技术，到达"前线"

学习任务四：物资运送模拟——团队协作挑战。

学生活动	教师组织	活动意图
1. 以篮球场为场地，进行接力式的运送长垫子，模拟在运送物资时的齐心协力 2. 小组队员之间合作，思考如何合作完成挑战，通过团队协商与决策，运用体操技能完成"物资"运送任务	1. 指导学生在学练中的动作要领，合理制定运送路线 2. 引导学生积极主动投入创设的场景中 3. 根据小组合作完成运送物资的表现，评选出优秀团队，给予奖励。未完成任务的小组需进行反思总结	1. 通过模拟运送物资时场景，发挥学生团结合作精神，增强学生对战略物资运送困难性的体验 2. 通过模拟运送物资练习，增强学生的体能储备 3. 综合运用国防教育与其他学科知识，厚植爱国主义情怀

四、设计思路

"忠诚的祖国卫士"以边境冲突，运送战略物资为背景，模拟了不同地形地貌，教学设计注重学生课堂参与度与情境代入感。通过体操中的技巧与器械的单个技术与简单组合技术学练，提升学生的身体控制能力。学生通过学以致用，将所学体操类运动项目的滚翻、跳跃、平衡动作技术迁移到日常生活中。开展体操的组合动作学练，让学生了解和运用与国防相关的历史、地理、信息技术等知识。

（四川省成都市龙泉第二中学　刘峻、蒋路；成都市龙泉驿区西河小学陈雪琴；成都市青少年宫　曾勤；成都东部新区养马初级中学　张阳平）

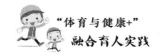
案例十五　初中体育融合德育——全员运动会

本案例围绕跨学科主题"全员运动会（水平四）"进行活动设计，通过设计"学校全员运动会"的场景，引导学生在体育活动中综合运用相关的知识与技能。

一、育人价值

（1）通过指导学生在体育课堂中历练身心，发展自我，训练并增强耐力与意志力，从而培育更有情操、更高尚的意志品质。

（2）将体育融入日常生活，促进学生体质改善，同时能够提高学生的集体荣誉感及自制力，还可以提升班级建设质量。

（3）在体育教学中融入德育素养，既有助于引导学生树立良好的学习观念，提高学生对体育学习重要性的认知，同时还有助于引导学生和教师全面加强互动，充分结合新形势下人才培育的目标要求和市场实际需求，探索多元化学习模式，以此更好地提高学生的综合素养。

二、活动目标

（1）以"全员运动会"为主线开展体育课程，要求全校学生参与其中，全体班主任需积极参与，最终形成全校学生自主锻炼的环境。

（2）"全员运动会"需要所有学生及可到校的学生家长都参加，进一步结合全员运动会探索体育渗透德育的新路径，切实促进学生综合素养的提升。

（3）激发学生参与运动赛事的兴趣，增强团队意识，培养乐群精神，让德育潜移默化地融入学生成长，让学生在运动中感悟运动精神、团队协作与胜利的喜悦等。

三、实施过程

学习任务一：掌握比赛项目技能，坚持勤练常赛，熟悉裁判规则，提升体育德育素养。

学生活动	教师组织	活动意图
1. 在体育课中认真学习和练习，完成技术动作的掌握 2. 全身心投入体育游戏、体育竞赛中 3. 适应教师采用的新教学模式与组织形式	1. 充分运用现代媒体技术，为学生创设丰富的学习情景来进行模拟演示和互动 2. 通过小组合作学习等方式，引入体育游戏、体育竞技比赛等，让学生在开展德育知识学习以及体育锻炼的过程中更好地感受体验 3. 创设新教学模式	1. 确保常规课堂教学质量 2. 做到教会、勤练、常赛 3. 体育教学中注重意志力培养，有助于引导学生树立良好的学习、生活观念

学习任务二：赛事组织实践——角色分工与职责体验。

学生活动	教师组织	活动意图
1. 了解并勇于尝试使用体育器材 2. 了解体育竞技比赛的历史与发展 3. 了解中国体育事业发展，关心关注祖国体育事业发展	1. 引导学生全面了解相关的体育器材，鼓励学生勇于尝试 2. 通过教育激发学生对体育竞技比赛及相关内容的兴趣，促进学习与实践相结合 3. 在体育理论教学中穿插融入德育知识，对学生开展爱国主义教育，让学生了解中国体育事业发展的历程，进而通过视频、文字、图片等展示良好的体育情境，更好地引导学生树立正确的体育学习观念	1. 使学生进入角色，明确分工 2. 全面了解体育赛事 3. 培养爱国情怀，增强社会责任感 4. 培养学生责任担当意识

学习任务三：针对相关体育项目比赛的参赛运动员、规则与裁判、啦啦队、后勤服务的教学与实践（以接力跑教学与裁判为例）。

学生活动	教师组织	活动意图
1. 根据分工完成运动项目技巧的练习与掌握 2. 根据教师指导完成自己负责项目的工作环节与流程 3. 端正态度认真实践 4. 反思在参与比赛或者参与组织的问题与不足	1. 根据项目特点结合教学过程，明确项目教学目标 2. 建立相关的评价机制，对学生的参与度、作业完成情况、习惯养成以及体育竞技情况等进行全面的分析研究 3. 探索多元化、特色化的体育与德育融合课程，在理论和实践体系打造等方面充分考虑专业特色等进行全面探究 4. 不断提高体育和德育渗透的有效性，切实指导教学活动的有序开展	1. 让学生将体育融入日常生活之中，改善学生体质，增强集体荣誉感与自制力，还可以促进学校班级建设品质提高 2. 创新运动会形式，融合趣味性、全员性与提升学生专业技能与综合素养 3. 培养学生合作、互助及独立自强等品质

四、设计思路

把握体育课程、全员运动会与德育知识的紧密关联，全面渗透德育理念，寻求它们之间有效的结合点和切入点。通过开展全员运动会，不仅可以让学生将体育融入日常生活之中，促进学生体质改善，能够提高学生的集体荣誉感及自制力，还可以促进学校班级建设品质提高。通过教师引导，有效提升学生专业技能与综合素养。

体育教学是初中基础课程体系的重要组成部分，而在体育教学中注重开展德育渗透，提高学生的德育素养，引导学生树立良好的学习观念，提高学生对体育学习的重要性认知，同时还有助于引导学生和教师全面加强互动，结合新形势下人才培养目标与市场需求，探索多元化学习模式，以此更好地提高学生的综合素养。

体育课程以"全员运动会"为主线，要求全校学生参与其中，全体班主任需积极配合，最终形成全校学生自主锻炼的环境。传统意义上的运动会都是选拔运动能力强的学生参与，而"全员运动会"是需要所有学生都参加，同时教师与家长共同参与活动。

（四川省成都市川化中学　赵长红）

案例十六　津城一日游

本案例围绕跨学科主题"人与自然和谐美（水平四）"进行活动设计，通过模拟"津城一日游"的场景，引导学生在体育活动中综合运用地理、美术等知识与技能。

一、育人价值

（1）通过模拟"津城一日游"的场景体验，提升有氧耐力跑能力，改善以往耐力跑的枯燥性，培养学生合作学习与独立思考的能力。

（2）通过"津城一日游"情境体验，培养学生对家乡文化的认同感。

（3）通过"津城一日游"情境设计，培养学生自信自强、克服困难、勇敢顽强、坚韧不拔的意志品质。

二、活动目标

（1）综合运用地理与美术知识，了解新津区地理特征。

（2）演绎"津城一日游"场景，提高沟通与表达、思考与判断、探究与创新等能力，增强安全意识与团队协作能力。

（3）在模拟"津城一日游"的过程中，掌握耐久跑技术，提升耐力水平；增强对耐久跑的兴趣，锤炼团结协作、攻坚克难、勇于挑战等优良品质。

三、实施过程

学习任务一：了解新津的地理知识，知晓地标位置与季节差异。教师发放地理知识图册。

学生活动	教师组织	活动意图
1. 通过教师讲解学习地理知识图册 2. 小组合作内化规则与地图标识含义。讨论新津四季各点位的样貌 3. 学习地标、植被简笔画	1. 引导学生对知识图册的学习 2. 在学生遇到困难时及时给予帮助。鼓励全员学生参与到合作探讨当中	1. 通过学习了解新津的地形与地标建筑 2. 培养学生绘画能力 3. 通过小组合作探究解决问题，培养沟通与表达能力

学习任务二：定向越野学练——津城一日游。

学生活动	教师组织	活动意图
1. 学习查找不同点位的相应知识 2. 学练耐久跑的方法 3. 在老师的指导下找到第一个点位，并完成打卡	1. 导入"津城一日游"的教学主题，明确打卡点位数量 2. 组织学生练习耐久跑技术 3. 组织全体学生学习定向越野跑的方式方法，并以第一个点位作为示范进行演示	1. 通过学练帮助学生快速掌握耐久跑的方法 2. 通过示范打卡点位提升学生的思考与判断能力

学习任务三：情境模拟——津城一日游。

学生活动	教师组织	活动意图
1. 以小组为单位进行路线顺序抽签 2. 各小组依据路线进行越野打卡 3. 每位学生应根据点位提示完成相应的内容填写即完成打卡	1. 组织学生进行活动抽签，确定行进路线并做好登记 2. 为还未弄清楚的小组或个人进行讲解指导 3. 巡回监督并指导	1. 培养学生团队协作、沟通交流的能力 2. 培养学生动作动手绘画的能力 3. 培养学生在实践活动中运用地理知识的能力 4. 发展学生的耐力素质

学习任务四：成果展示与评价。

学生活动	教师组织	活动意图
1. 依序对照相应的点位进行展示，比对先后顺序是否有误 2. 优秀打卡单展示、用时最短学生打卡单展示	1. 组织学生交叉检查路线顺序准确性 2. 点评各小组的完成情况 3. 小结本次活动	1. 培养学生探究合作的能力 2. 增强学生自信心

四、设计思路

本案例围绕跨学科主题"人与自然和谐美（水平四）"进行活动设计，通过"津城一日游"情境模拟，引导学生在体育活动中综合运用地理、美术与劳动教育等学科知识。

活动以学生自学活动材料开始，明确新津区地标建筑与自然景观。结合本土文化激发学生学习兴趣。随后通过学习新津的地图，明确各地标建筑的具体位置，将整个新津地标建筑进行串联，帮助学生掌握方位辨识能力。接着结合学校的卫星地图进行方位的学习，让学生弄清将整个新津区缩小到学校的所有场所内，进行一日游的打卡设计。随后带领全体学生进行定向越野跑前的准备活动以及跑动中的要领学习，接下来便是学习打卡的实操，每位学生将获得一张打卡纸与一支笔，打卡纸上标有点位打卡记录的位置，学生需完成打卡纸上全部内容的填写，才视为一日游完成。校园内的每个打卡点位上都有相应的问题记录，如：欢迎来到新津斑竹林，本点位的打卡方式为在打卡纸上画出一看便能猜出本点位的简笔画。结合美术、地理知识及文言古句设计问题，真正做到跨学科的学习。随后各组进行路线抽签，确定各组前行路线与打卡点位，教师记录各组路线信息。活动最后是各小组对打卡纸进行交换检查打卡路线的顺序是否正确，确认无误后交由组长核实打卡流程，教师依据打卡纸进行点评与小结。

本次活动运用多学科融合与本土文化进行创设，创新耐久跑练习形式以激发学生兴趣，通过本次活动让学生了解新津与自然的和谐发展、地理环境等知识，引导学生观察并描述大自然中的各种现象，增进对自然的认识，感悟人与自然和谐共生之美，体验体育活动的趣味性，加深对运动美的理解。

（成都市新津区教育科学研究院　罗霞）

案例十七　龙舟竞渡，逐浪争先

本案例围绕跨学科主题"中华传统文化（水平四）"进行活动设计，通过模拟"龙舟竞渡，逐浪争先"的场景，引导学生在体育活动中综合运用语文、历史、信息技术、劳动等知识与技能。

一、育人价值

（1）营造端午节气氛，让学生参与端午节"赛龙舟"、吃粽子传统文化活动，通过设计"陆地龙舟"4×100 米接力跑练习及比赛，让学生克服层层挑战，奋勇争先完成比赛，并在比赛结束后品尝端午粽子，在提高学生爆发力、耐力的同时，让学生深刻体会劳动的艰辛，懂得尊重劳动、珍惜劳动成果，并理解劳动创造美好生活的道理。

（2）通过感受中华传统节日端午节文化气氛，培养学生团结协作、不断奋进的意志品质和爱国主义精神。

（3）通过"陆地龙舟"4×100 米接力跑比赛，培养学生自信自强、坚持不懈的精神，感受传统文化中蕴含的人文情怀与匠人精神，从而自觉成为社会主义先进文化的继承者、发扬者和建设者。

二、活动目标

（1）综合运用劳动、语文、历史等学科知识，了解我国端午节的由来及传统文化，并自主学习接力跑传接棒技术。

（2）通过端午节传统节日场景的营造，提高学生自主学习、探究创新、沟通表达和团结互助的能力。

（3）在"龙舟竞渡，逐浪争先"的陆地龙舟练习中，掌握 4×100 米接力跑的交接棒技术，提高速度、耐力、协调性和爆发力等身体素质，增强对田径的热爱，锤炼团结协作、坚持不懈、勇于拼搏等优良意志品质，发扬爱国主义的龙舟精神。

三、实施过程

学习任务一：了解端午节的传统文化习俗，观看赛龙舟视频；学生自主查阅并学习接力跑技术动作要领。

学生活动	教师组织	活动意图
1. 通过新媒体平台了解并自主学习端午节相关文化习俗 2. 小组交流分享赛龙舟比赛心得体会,合作探究接力跑技术动作要领,体会接力跑与赛龙舟必须具备的精神和意志品质	1. 引导学生理解端午节文化由来,并感悟中华传统节日精神 2. 在学生遇到问题时,及时给予指导,鼓励学生进行小组内部和小组之间的交流分享	1. 通过学习了解我国传统节日端午节的文化习俗,尝试运用各学科知识解决具体问题,提高学生自主学习能力,激发学生的爱国主义精神 2. 以饱满的精神状态投入探究活动中,在团队合作中积极与同伴沟通交流

学习任务二:"龙舟竞渡,逐浪争先"陆地龙舟练习(学练接力跑)。

学生活动	教师组织	活动意图
1. 学生了解并自主练习接力跑上挑式和下压式传接棒技术要领 2. 学练 4×100 米接力跑,分 4 人小组合作,练习不同传接棒技术的接力跑,相互鼓励,共同进步 3. 通过练习,小组探究选用最合适的传接棒技术,提高团结协作精神	1. 通过端午节赛龙舟习俗,根据学校场地创设"龙舟竞渡,逐浪争先"赛龙舟的情景,激发学生的运动兴趣,引导学生自主学习接力跑上挑式和下压式传接棒的技术要领 2. 在学生进行分组练习时,及时指导交接棒技术,帮助学生掌握正确方法及传接棒技术 3. 引导小组在已学传接棒技术中选用最合适的传接棒技术,提高小组接力跑速度;关注个体差异,有针对性地采用相应的教学方法,增强学生自信	1. 通过对不同传接棒技术要领的学习,了解并掌握 4×100 米接力跑的方法,提高接力跑练习的有效性 2. 通过小组合作进行 4×100 米接力跑的练习,发展学生速度、耐力、协调性等体能 3. 通过 4×100 米接力跑练习,小组探究选择适合组内练习的传接棒技术,发展学生自主探究、团结协作、坚持不懈、吃苦耐劳的优良品质

学习任务三：模拟端午节赛龙舟习俗，进行"龙舟竞渡，逐浪争先"4×100 米陆地龙舟比赛。

学生活动	教师组织	活动意图
1. 了解 4×100 米接力跑各棒队员需发挥的个人特长 2. 确定安排 4×100 米接力跑各棒队员，充分发挥队员特长，团结拼搏完成端午节陆地龙舟比赛	1. 引导学生学习和了解接力跑各棒队员应具备的特长 第一棒：应安排起跑好、善于跑弯道的运动员 第二棒：速度快、专项耐力好、善于传、接棒的运动员 第三棒：除应具备第二棒的长处外，还要善于跑弯道 第四棒：通常全队成绩最好、冲刺能力最强 2. 引导学生模拟端午赛龙舟比赛，团结协作完成 4×100m 陆地龙舟比赛 3. 提醒学生注意接力跑传接棒中安全，并通过比赛培养其勇敢拼搏、坚持不懈的意志品质	1. 通过模拟端午节赛龙舟赛事，传播中华传统文化及非物质文化遗产，弘扬团结协作、奋勇争先的龙舟精神 2. 模拟赛龙舟比赛，增强学生对球队的集体荣誉感，提高对田径运动的热爱

学习任务四：品味浓情端午，弘扬传统文化。

学生活动	教师组织	活动意图
1. 根据比赛总结经验，小组分享感悟体会，并制订提升计划，感受陆地龙舟与水上龙舟共通点 2. 同学间分享美味粽子，共庆端午	1. 教师引导学生相互分享，共同探究总结比赛经验，激发学生团结互助的集体荣誉感 2. 教师组织学生有序庆祝端午，感悟中华传统节日氛围，激发爱国主义情怀，传承中华民族优秀传统文化	1. 通过赛龙舟比赛经验分享，提高学生体育学习中勇往直前的拼搏意识，并培养自主思考、自主学习的能力 2. 欢度端午，感受端午氛围，让学生传承和弘扬中华民族非物质文化遗产

四、设计思路

"龙舟竞渡，逐浪争先"以欢度端午节为情景，引导学生了解传统节日端午节习俗，同时通过模拟赛龙舟比赛，开展 4×100 米接力跑练习。本活动的设计目的是让学生了解和运用端午相关的历史、语文、信息技术等知识，并通过赛龙舟模拟练习，根据陆地龙舟比赛要求学练 4×100 米相关的体育与健康知识，并运用语文、英语等学科知识进行交流、沟通与探索。本活动可以由体育教师独立实施，也可以协调其他学科教师一起完成。

本活动创设端午赛龙舟比赛情景，为学生布置了开放性的学习任务，引导学生通过团队合作选用适合的传接棒技术，以及根据小组成员特长选择合适的传接棒的位置，并进行练习比赛。本活动分为课内和课外两部分：课外活动主要是学生收集端午节相关资料和信息；课内活动主要是小组自主学习并探究接力跑技术要领及特点，进行展示与交流，培养学生团结协作、奋勇拼搏的龙舟精神。

（四川大学附属中学悦湖学校　李巧玲、曾欣）

案例十八　强国有我

本案例围绕跨学科主题"体育＋国防（水平五）"设计活动，通过视频观看、基本军事技能练习、行进方案制订等教学环节，帮助学生树立居安思危的国防意识、坚韧不屈的精神品质及"有国才有家"的国防观念，实现"以体强国"的教学目标。

一、育人价值

（1）通过视频观看及对当前国际形势的讨论交流，提升学生的大局观，树立"战争与和平对立统一"的国防观念，强化居安思危的意识。

（2）提升学生思维能力、身体素质和综合体能。

（3）培养学生团结友善、坚韧不屈的精神品质。

二、活动目标

（1）深度了解和分析当前国际局势以及我国的外围环境。

（2）掌握基本军事技能，如匍匐前进等。

（3）根据小组实际情况，制订合理的行进方案。

（4）渗透正确的国防观念以及爱国意识。

三、实施过程

学习任务一：世界和我。

学生活动	教师组织	活动意图
1. 分享小组汇总的国际局势、我国周边国际局势及大环境对我国的影响 2. 分小组结合地理、历史等学科知识，思考和分析局势的历史、政治原因 3. 纵向思考世界发展的关键因素：和平与求同存异的重要性	1. 引导学生结合多学科知识分析国际局势以及产生这些局势的原因。国际局势分析参照《两会公报》。关键词为"风高浪急"和"惊涛骇浪" 2. 帮助和鼓励学生建立正确的世界观以及小组内和小组间的交流讨论	1. 通过学习和了解目前国际政治、经济、军事尤其是军事局势，尝试运用多学科加以分析，提高综合实践能力，激发爱国热情 2. 试通过小组合作交流树立正确的世界观。并以积极饱满的热情投入后续体能练习

学习任务二：基础军事技（体）能练习。

学生活动	教师组织	活动意图
1. 了解基础军事技（体）能的种类和作用 2. 学练军事技（体）能	1. 以视频引导学生结合体育尤其是田径知识将军事技能做一个简单的分类 2. 鼓励学生根据视频（图解）以及小组个体情况进行自主学练	1. 了解技（体）能的动作要点，掌握练习的方法，形成保护和帮助的合作意识 2. 掌握基础军事技能，重点为高低姿侧身前进与障碍物识别 3. 通过军事技能与个体情况的综合分析，正确评价小组综合实力，为后续方案制订提供"人"的因素基础

学习任务三："我和世界"：障碍接力计时比赛。

学生活动	教师组织	活动意图
1. 分析障碍场地的顺序、入口等，结合小组情况制订行进路线 2. 以小组为单位，利用掌握的技能通过障碍	1. 课前设置障碍场地 2. 提醒学生在制订计划时，一定要考虑组内个体体能的综合情况，尤其是男女的体能差异 3. 提示学生在通过障碍时，注意自我保护和相互保护 4. 每个小组需分别完成不同入口的行进路线完整通过障碍场地。四次时间相加为最终时间	1. 通过小组合作的学练形式，增强同学之间的互动和交流，增强团队意识 2. 通过综合分析人员、地形等关联因素，制定合理行进路线，提升学生全局观与思维能力 3. 通过四次小组障碍接力计时比赛，体验坚韧不屈的运动过程，提升学生耐力等综合体能

学习任务四：世界、国家和我。

学生活动	教师组织	活动意图
1. 放松 2. 反思个体、国家、世界之间的必然关系	1. 教师引导学生理解自强和国强之间的关系，激发学生自我强大（身体、思维、心理）的意识 2. 布置课后作业：关注时事	通过总结分享，提升学生对"居安思危"和"自强""国强"关联性的理解。通过小组障碍赛总结分析，渗透"比赛的结果并非单凭个人努力实现"的理念，结合"人和与地利"思想，深化对个人与国家关系的认知，形成"自强方能国强"的爱国情怀

四、设计思路

本案例以"以体强国"为主题，以国际政治、经济、军事（尤其是军事局势）为背景，引导学生深刻认识"世界和我""我和世界"不可分割的关系。同时，结合地理、历史等学科知识，分析外围局势、原因，提高学生辩证梳理、综合思考的思维能力，激发个人的强大自我的心理认识；通过基础军事技能的学练、障碍赛行进方案制订以及小组障碍计时赛，在提升学生综合体能的同时，形成互帮互助、坚韧不屈的精神品质。本活动可以由体育老师独立完成，也可以以综合实践活动课的形式协同其他学科教师一起完成。

本活动提供两项开放性任务：一是分析交流国际形势及我国周边环境；二是通过调整障碍行进顺序与入口安排，力求达成学生树立正确的世界观、全局观，最终实现国防意识和爱国主义精神的培养。

（四川大学附属中学 张红琼）

案例十九 以体强心

本案例围绕跨学科主题"以体强心（水平五）"进行活动设计，在教学中通过"扑克牌"数字与花色分组学练，创设差异化学练场景，提升学生在不同学练环境中的调节情绪能力和人际交往能力，实现从"以体育心"到"以体强心"的教学目标。

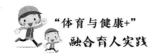

一、育人价值

（1）通过学习提升学生排球传球技能及比赛中合理运用垫、传技术的能力，发展力量、速度、灵敏等身体素质。

（2）培养学生参与排球运动的安全意识，提升人际交往与情绪调控能力。

（3）培养学生积极进取、团结友善的精神，以及遵守规则、自尊自信的品质。

二、活动目标

（1）学习排球技战术和规则，培养排球运动意识和兴趣。

（2）运用"扑克牌"分组，提升学生学练兴趣，创设不同学练环境，提升学生适应环境的能力。

（3）培养学生在团队协作中调节情绪的能力。

三、实施过程

学习任务一：课堂常规和趣味热身。

学生活动	教师组织	活动意图
课堂常规： 1. 集合快静齐 2. 向老师问好 3. 学生精神饱满认真听讲，积极回答 4. 明确学习目标 5. 听从指挥、注意安全 趣味热身： 1. 认真听讲，仔细观察动作示范 2. 积极参与动作练习 3. 注意安全	课堂常规： 1. 整队集合 2. 向学生问好，宣布本课内容 3. 巡视检查服装 4. 安排见习生 5. 讲解课堂安全注意事项 趣味热身： 1. 动作示范与语言提示带领学生一起做 2. 重点引导学生学会判断球的落点，及时移动取位 3. 通过扑克牌的花色完成分组 4. 强调安全	1. 学生充分热身，复习抛球和垫球，为后面的学习做准备 2. 学会判断球的方向和落点，培养排球运动意识 3. 随机分组进行准备活动，激发学生学练兴趣

学习任务二：巩固提升，自主练习、单一动作。

学生活动	教师组织	活动意图
连续自传球练习： 1. 尝试连续自传球，自测完成个数 2. 注意传球手形，体会手腕手指的弹拨 3. 注意不要连击和持球 尝试自垫传球练习： 1. 尝试自垫传球，自我检测完成个数 2. 技术动作规范、熟练、连贯 3. 不能完成的同学继续练习自传球	1. 讲解示范练习内容，同时进行巡回指导，针对不同水平的学生，提出自传球目标个数，让学生通过自己的努力都能够完成，提升兴趣 2. 在上述内容基础上，更换练习内容，自主进行复习单一动作技术，体验成功的喜悦	1. 自主练习已经学习过的内容，感受排球运动的快乐，掌握传球相关技术 2. 通过制订适宜的运动目标，使学生都能够完成目标数量，巩固提升单一技术的掌握，提高学练的效率，更好地掌握基本技术，为后续的学习奠定基础

学习任务三：组合练习，两人合作、组合动作。

学生活动	教师组织	活动意图
1. 两人一组，一抛一传练习 2. 两人一组，一抛一垫一传练习	1. 在单一技术练习的基础上，同时进行巡回指导，针对不同水平的学生，根据同质分组的原则，进行两两组合，两人一组进行组合技术训练，提出自传球目标个数，让学生通过自己的努力都能够完成，提升兴趣 2. 在上述内容基础上，更换练习内容，在单一动作技术练习的基础上，加大难度进行两人一组的组合动作练习，体验更加接近实战的技术动作	1. 通过两人为一个小组的学习和练习，可以增强同学之间的互动和交流，提高学生的社会适应能力，通过每节课更换队友，提升学生交流能力 2. 通过制订适宜的运动目标，使学生都能够完成目标数量，两人一组进行组合技术的训练，提高学练的效率，更好地掌握基本技术，为后续实战比赛奠定基础

学习任务四：比赛应用和体能练习，小组合作、趣味比赛。

学生活动	教师组织	活动意图
1. 四人一组，隔网进行抛、垫、传组合技术练习 2. 四人一组，隔网进行抛、垫、传比赛	1. 在组合技术练习的基础上，同时进行巡回指导，然后再次分组组合，进行小组与小组之间的趣味比赛 2. 在上述内容基础上，更换练习内容，加大难度进行四人一组的隔网对抗比赛，体验实战的感受，在比赛中感受排球运动的快乐 3. 组织全体学生根据教师的要求进行课后的体能训练，提升体能的储备，为后续体育活动做充足准备	1. 在循序渐进的学习中提升学生单个技术练习，组合技术练习最后应用到比赛中的运用能力，课程围绕"学练赛评一体化"要求设计，以学生为主体，通过精讲多练提升课堂效率 2. 通过思考与队友配合，有效进行学习，在团队的练习过程中加强同学之间的交流和合作，提升同学的语言沟通能力，团队合作能力，进而提升社会适应性 3. 学会与不同学伴沟通配合，学会调节情绪，学会在不同场景中完成学练，同时最后的体能练习培养同学克服困难吃苦耐劳的意志品质

学习任务五：分享喜悦，轻松愉悦、放松身心。

学生活动	教师组织	活动意图
1. 身心放松： 伴随着音乐的节奏，两人一组压肩放松上肢、下肢，放松身心的同时进行交流；按摩放松腿部，有利于更好地进行后续的运动安排 2. 总结分享：分享本课学习关键词	1. 课前准备好轻松愉快的音乐，引导学生在音乐的伴奏下完成放松练习 2. 在放松教师引导学生进行分享，总结讨论经过本次课程的学习和锻炼在技术、知识和心理心态上的提升，在轻松愉快的环境下进行分享交流	1. 通过放松活动，使全身的肌肉得以轻松和舒缓，有利于身体机能的提升，增强运动能力 2. 在放松活动进行的同时，伴随着轻松愉快的音乐，让精神得以放松，同时在放松过程中加强交流和互动，互相分享，提升同学的沟通分享能力

四、设计思路

　　本案例以"以体强心"为主题，结合排球项目正面双手上手传球及垫传组合技术的教学内容，引导学生在积极快乐的氛围中学排球技战术和规则，从单一技术动作复习到组合技术动作学习，再到简单比赛中的技战术运用，学习难度由易到难，技术动作学习由简单到复杂，充分体现新课程标准"学练赛"一体化理念。在教学中关注学生技能学习的情况，分层设计教学内容，满足学生差异化学习需求。教学组织中通过"扑克牌"的数字和花色进行巧妙的分组，让学生在学练不同阶段与不同学科背景的同学合作，避免出现只跟自己熟悉的同学配合学习的现象，让学生在不同的人际关系中完成学练，锻炼学生的环境适应能力、沟通能力和情绪调节能力，最后教师通过引导学生分享学练中真实的心理感受，总结本课学习的重难点，在"润物细无声"中凸显"以体强心"的教学目标。

（四川省成都市石室天府中学　龚文全）

案例二十　炮火连天——血战飞虎山

本案例围绕跨学科主题"体育与安全教育（水平五）"设计活动，通过模拟"朝鲜战争中血战飞虎山"的场景，引导学生在体育活动中综合运用前滚翻、跨越跳等知识与技能。

一、育人价值

（1）通过指导学生练习不同地形下的前滚翻、跨越跳、折线跑等技能，发展学生的心肺功能，培养学生在日常生活中应用体育技能的能力。

（2）通过模拟"子弹横飞"情境，培养学生应对突发事件的冷静处置能力。

（3）通过创设"子弹横飞、炮火连天"的真实战争场面，培养学生在遭遇自然灾害或者突发安全事故时沉着冷静、勇敢顽强的意志品质。

二、活动目标

（1）综合运用体育技能、生活常识等，了解突发事故或者安全隐患产生的原因，提前掌握躲避的技能。

（2）演绎"炮火连天、血战飞虎山"的场景，提高学生的计划与设计、组织与协调、沟通和表达能力，增强生命安全意识。

（3）在模拟情境中，掌握前滚翻、跨越跳、折线跑等动作要领，提高在不

同情境下动作技能的完成度，提高自身的心肺耐力，锻炼团结协作、攻坚克难、勇于挑战等优良品质。

三、实施过程

学习任务一：了解学校中可以通过体育技能躲避的安全隐患。

学生活动	教师组织	活动意图
1. 通过观看视频了解校园安全隐患案例 2. 小组讨论视频中的安全隐患，探究适用体育技能的预防或应对措施	1. 引导培养学生发现安全隐患并躲避的能力 2. 在学生将体育技能与安全隐患相对应的过程中在学生遇到困难时，及时给予帮助，鼓励学生可以采用多小组合作探究的模式	通过观看视频让学生能够了解在学校哪些地方存在安全隐患，运用体育技能实现安全隐患的预判与规避

学习任务二："炮火连天、血战飞虎山"（折线跑、跨越跳、滚翻综合运用能力）。

学生活动	教师组织	活动意图
1. 了解在不同情况下使用滚翻、跳跃、跑动的动作要领，提高多种动作技术的组合应用能力 2. 设计障碍（如坑道、投掷物）及多样化躲避策略；小组合作，互相鼓励，帮助同伴克服对于安全问题的害怕心理	1. 导入"炮火连天、血战飞虎山"的情境，面对敌方机枪压制和子弹横飞的情境，如何跨越障碍摧毁敌方阵地，引导学生自由选择方式 2. 在学生自主选择方式通过障碍的时候，及时纠正不规范技术动作 3. 引导学生在已经学习动作的基础上，简化动作技术以获得更快躲避的反应时间	1. 通过不同障碍下，多种技术动作的组合应用，掌握动作的衔接方法 2. 通过跑跳发展学生的心肺耐力 3. 通过创设情境培养学生临危不乱、沉着冷静、克服困难的意志品质

学习任务三：运用沙包代替子弹；设置 400 米的障碍（水坑、跨栏架等）模拟真实的情境，提高学生动作技术综合运用能力。

学生活动	教师组织	活动意图
在 400 米通过障碍的过程中，自由设计通过路径，模拟真实的场景，最快通过 400 米障碍，炸掉机枪阵地，让同志们顺利通过	举一反三：引导学生模拟行走中突发车辆失控场景，运用折线跑技能避险	通过本次"炮火连天、血战飞虎山"的模拟实战演练，举一反三，将学到的体育技能运用到日常躲避危险的动作中去，学以致用，树立终身体育意识

四、设计思路

本案例以真实的战场为模拟背景，根据学校现有的体育设施，以 400 米或者 100 米跑道为战场，用沙包模拟子弹和炮弹，跨栏架模拟封锁线、体操垫模拟从坦克降落等场景。利用学校现有设施模拟不同地形，培养学生跑、跳、滚翻的综合应用能力。本次活动旨在引导学生举一反三，将校内体育技能迁移至社会生活中的实际应用。

本课程给学生提供了一个开放性的平台，引导学生举一反三，在完成老师特设的 400 米或者 100 米障碍后，还可分小组或以班级为单位，通过团队协作设计应对突发情况的体育活动方案。

（四川省高新实验中学　邵兵兵）

案例二十一　穿越时空，了解奥运

本案例围绕跨学科主题"奥林匹克运动（水平五）"设计活动，通过模拟"穿越时空，了解奥运"场景，引导学生在体育活动中综合运用信息技术、历史、音乐、美术等学科知识。

一、育人价值

（1）通过本节课的学习，能够让学生树立规则意识，培养公平竞争的意识。

（2）通过观看视频、了解奥林匹克运动，了解奥林匹克的价值观，领悟奥林匹克精神。

（3）通过穿越时空、了解奥运的情境，了解奥运历史，培养学生胸怀大局、追求卓越、迎难而上的意志品质。

二、活动目标

（1）通过"穿越时空"情境，帮助学生了解古代奥林匹克运动会起源及现代奥林匹克运动发展历程。

（2）帮助学生理解奥林匹克主义、宗旨、精神与格言内涵，认识体育竞技及现代奥林匹克运动对推动人类文明的作用。

（3）引导学生了解中国在奥林匹克运动会中取得的成绩，激励学生勤奋学习、积极锻炼，增强民族自豪感与凝聚力，培养爱国主义情操。

三、实施过程

学习任务一：观看"北京申奥成功"视频，了解中国为什么要申办奥运会。

学生活动	教师组织	活动意图
1. 通过视频观看了解北京申奥的意义 2. 小组合作探究中国为什么要申办奥运会	1. 引导学生理解申奥是中华儿女为之振奋和自豪的壮举 2. 提出问题："申奥成功后，我们该如何行动？"鼓励小组合作探究	1. 通过观看视频，让学生理解申奥展示对展示国家形象、弘扬奥林匹克精神的意义 2. 鼓励学生相互探讨，互相交流 3. 激发学生的爱国之情

学习任务二：穿越时空、通过视频了解奥林匹克运动寻根、发展与衰落。

学生活动	教师组织	活动意图
1. 了解古代奥林匹克运动会起源（奥林匹克休战） 2. 通过视频观看了解古代奥林匹克运动会比赛的项目 3. 探案古代奥林匹克兴衰的三个历史阶段	1. 播放视频，引导学生了解古代奥林匹克运动的历史 2. 引导学生通过视频对比现代和古代奥运会的异同 3. 引导学生了解古代奥林匹克运动会对战争的影响，带来什么好处	1. 让学生知晓在古代体育能力作为适应战争需要的手段，培养学生要有保卫祖国的义务 2. 尝试团队合作探究的能力、培养学生的自信心 3. 通过视频观看，引导学生对奥林匹克精神的传承

学习任务三：了解近观现代奥林匹克运动的兴起，发展体系。

学生活动	教师组织	活动意图
1. 观看PPT，让学生知道现代奥林匹克运动产生的原因 2. 自主浏览国际奥委会及北京2022年冬奥会官网、收集奥林匹克运动四大体系（相关知识）	1. 通过理论学习理解体育对个人发展的促进作用 2. 组织学生合作探究现代奥林匹克运动的思想体系的内容 3. 了解奥林匹克核心价值观、格言、奥运五环等知识	1. 通过PPT帮助学生清晰了解近代奥林匹克运动的发展历程 2. 帮助学生理解现代奥运会对古代奥林匹克精神的传承，以及公平竞争、拼搏意识的弘扬 3. 深刻了解奥林匹克主义促进身心和谐发展

学习任务四：视频观看中国与奥林匹克运动。

学生活动	教师组织	活动意图
1. 通过视频了解中国奥林匹克运动发展历程 2. 视频播放北京奥运会和北京冬奥会的视频	1. 通过视频观看引导学生理解北京奥运精神 2. 引导学生探究中华民族实现"奥运梦"的原因 3. 通过网络平台布置课后作业："奥运会带给我们什么？" 4. 组织策划设计模拟奥运会开幕式的校运会开幕式	1. 热爱体育，用体育精神来激发自己生活、学习的激情 2. 引导学生利用网络环境了解奥运知识，作为东道主，我们该怎么做 3. 引导学生相互合作、交流，加深对奥林匹克运动的热爱

四、设计思路

　　为了正确了解奥林匹克运动会，丰富课堂内容，利用视频形式向学生展示，加入PPT课件，以图片、文字供学生欣赏，以提高学生对体育理论课的兴趣，加深学生对奥运知识的了解。鼓励学生查阅相关网站，通过小组合作学习、教师提问、学生解答、教师点评等方式，活跃课堂气氛，提高学生学习积极性。本课以奥运会知识贯穿始终，要求学生踊跃发言回答问题，使学生在学习中践行"更快、更高、更强——更团结"的奥林匹克格言以及"重要的是参加，而不是取胜"的奥林匹克名言，增进学生对奥运知识的认识，帮助学生树立民族自豪感，培养学生的爱国情怀。

（四川省成都市郫都区第一中学　蔺银萍）

案例二十二　体育美学视角下的校园啦啦操

本案例围绕跨学科主题"体育美学视角下的校园啦啦操（水平五）"设计活动，通过组织学生观看比赛视频，使其充分、直观感受啦啦操的魅力，提升学生的艺术素养、审美能力与舞蹈能力，同时促进高中生身体素质及体勇发展。引导学生在体育活动中综合运用音乐、舞蹈、艺术等跨学科知识与技能。

一、育人价值

（1）提升学生艺术素养、审美能力和舞蹈能力，促进学生身体素质的提高以及体能的发展。

（2）提升学生自主学习、合作探究、实践创新、组织协调及问题解决能力。

（3）引领学生树立正确生命观与身体观，培育高尚道德情操与审美观念，厚植民族情感，激发创新意识与想象力，塑造健康心智与宽广胸怀，培养德、智、体、美、劳全面发展的社会主义建设者和接班人。

二、活动目标

（1）综合运用音乐、舞蹈、艺术和体育等知识，了解啦啦操的美学价值，掌握啦啦操规定套路，并基于美学原理进行创编与展示，增强肌肉力量、控制能力与身体协调性，塑造健美体态。

（2）通过观看啦啦操比赛视频和学习，让学生了解舞蹈啦啦操的力量美、人体姿态美、不断变换的空间立体美，并通过学习，能将所学知识应用于日常生活，提升计划设计、组织协调、沟通表达、决策反思等综合能力。

（3）通过感受美、欣赏美、创造美，引导学生以美树德、以美强体，向美而行，以美育人，全面提升学生思想素养、人文底蕴、审美能力及精神境界，让学生在自然之美、文化之美、生命之美、艺术之美中丰富思想、塑造品格、汲取力量、矢志追求更有高度、更有境界、更有品位的人生。

三、实施过程

学习任务一：感知欣赏舞蹈啦啦操的力量美，学习和练习啦啦操手位发力方法。

学生活动	教师组织	活动意图
1. 通过观看 CCA 啦啦操比赛视频，感知啦啦操的力量美 2. 通过观看比赛，学习啦啦操手位发力的方法，通过动作力度、性质、幅度与结构的协调设计，展现精彩效果	1. 引导学生观看视频，感知啦啦操的力量美 2. 在学生遇到问题时，及时给予指导，鼓励学生进行小组讨论和小组之间的交流与合作	1. 通过观看 CCA 啦啦操视频，综合运用多学科知识分析动作美学，提升学生审美能力 2. 以饱满的精神状态投入探究活动中，在团队合作中积极与同伴交流

学习任务二：感知欣赏人体姿态美、通过展示不同人体姿态，提升体态和姿态美。

学生活动	教师组织	活动意图
1. 通过观看 CCA 啦啦操比赛视频，感知欣赏人体姿态美 2. 根据音乐风格控制身体姿态，通过力量强弱与节奏变化，实现人体姿态与音乐节奏的融合，展现体态美	1. 引导学生观看视频，感知啦啦操的体态美 2. 观看过程中，引导学生感受生命之美与艺术之美，激发创作热情 3. 在学生遇到问题时，及时给予指导，鼓励学生进行小组讨论和小组之间的交流与合作	1. 拓宽知识领域，提升观察力与思考能力，丰富思想内涵，塑造品格并汲取力量 2. 提升思想素质、人文底蕴、审美能力及精神境界

学习任务三：感知不断变换的空间立体美。

学生活动	教师组织	活动意图
1. 通过观看 CCA 啦啦操比赛视频，感知不断变换的空间立体美 2. 通过队形位置排列与空间路线调整，以及花球不同层次的变化，感知时空变化美	1. 引导学生观看视频，感知啦啦操的空间立体美 2. 在观看的过程中，引导学生感受生命之美，艺术之美，激发学生的创作热情 3. 在学生遇到问题时，及时给予指导，鼓励学生进行小组讨论和小组之间的交流与合作	1. 增强肌肉力量、控制能力与身体协调性，塑造健美体态 2. 通过队形位置排列与空间路线调节的实操，提升计划设计、组织协调、沟通表达及决策反思能力

四、设计思路

"体育美学视角下的校园啦啦操"以比赛视频为学习载体，引导学生综合运用音乐、舞蹈、艺术等跨学科知识与技能，了解舞蹈啦啦操的力量美、人体姿态美、不断变换的空间立体美，并通过学习，掌握啦啦操规定套路以及根据美学原理创编、展示啦啦操，发展肌肉力量、肌肉控制能力和身体协调性，获得健美的体形。本活动由体育老师独立实施，也可协同其他学科教师一起完成。

本活动创设开放性实体比赛情境，通过多样化队伍设计，激发学生对不同美学风格的感受与体验，为学生布置了开放性的学习任务，倡导学生通过团队合作来完成。小组合作感受美、欣赏美、创造美，利用舞蹈啦啦操的力量美、人体姿态美、不断变换的空间立体美创造出更多的丰富多彩的美，并通过展示与交流，全面提升学生核心素养，引导学生以美树德、强体践行，实现以美育人目标，提升学生思想素质、人文底蕴、审美能力及精神境界，让学生在自然之美、文化之美、生命之美、艺术之美中丰富思想、塑造品格、汲取力量、矢志追求更有高度、更有境界、更有品位的人生。

（四川省成都市新都二中　李琼）

案例二十三　侦察兵的故事

本案例围绕跨学科主题"侦察兵的故事（水平五）"进行活动设计，通过模拟"侦察敌情，绘制作战图"的场景，引导学生在体育活动中综合运用历史、地理、美术等知识与技能，促进大脑发展。通过活动使手脑有效配合，改善智力活动的条件，提高身体素质。

一、育人价值

（1）教师通过创设多种躲避障碍情境，指导学生侦查预定目标途径的军事据点，绘制地形图，培养快速反应能力与团队协作能力。

（2）通过学习对越自卫还击战历史，培养学生对先烈的敬仰与爱国主义情怀。

（3）通过"侦察敌情、绘制作战地图"情境，培养学生团结协作、克服困难、勇于挑战的锲而不舍精神。

二、活动目标

（1）综合运用政治、历史、地理等学科知识，帮助学生了解对越自卫还击战的历史背景。

（2）通过"侦察敌情，绘制作战地图"场景模拟，提升学生思维能力、绘图表达能力及责任意识与使命感。

（3）在模拟"侦察敌情、绘制作战地图"过程中，掌握耐久跑体能分配策略，提升障碍躲避能力，学习地形图基本绘制方法。

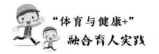

三、实施过程

学习任务一：了解对越自卫还击战的历史背景，观看相关战役视频。

学生活动	教师组织	活动意图
1. 通过相关视频了解对越自卫还击战的历史背景 2. 以小组为单位，通过网络探究侦察兵的职责及作战地形图的绘制方法 3. 学习模拟地形与练习项目的对应关系	1. 引导学生理解当时历史时期的世界政治大环境 2. 从不同角度分析对越自卫反击战的原因 3. 组织学习各种练习相对应的地形及绘制方法	1. 通过观看相关视频了解战争的残酷，使学生珍惜来之不易的和平 2. 通过分析战争的起因，了解我国在世界舞台上位置，唤醒学生的爱国主义情怀 3. 通过学习各练习和相应地形的对应关系及绘制方法，有效完成本次课的教学任务

学习任务二：地形对应学习。

学生活动	教师组织	活动意图
1. 学习各个地形的绘制方法 2. 学习练习项目与地形的对应关系（如：肋木模拟高山；绕杆模拟丛林）	1. 教师教授学生高山、丛林等地形的绘制方法 2. 教授不同练习对应的地形，并教授相应地图绘制知识	1. 通过教授使学生学会不同地形在地图上的表述方式 2. 通过学习，学会绘制和辨识地图

学习任务三："侦察敌情，绘制作战图"（边学边练）。

学生活动	教师组织	活动意图
1. 实地了解并学习各个练习的完成方法及对应地形的绘制方法 2. 小组分工合作，学练结合 3. 从不同起点开始，小组灵活设计路线图，并将路线图绘制出来	1. 教授学生不同练习的练习方法，指导学生绘制出相应地形 2. 指导学生在不同练习点进行模拟练习和绘制学习 3. 学生练习过程中巡视指导学生 4. 指导学生设计自己小组的行进路线，并绘制路线图	1. 通过教授使学生学会分辨不同练习对应的地形并学会绘制 2. 通过研讨快速通过技巧，锻炼学生团结协作及多角度解决问题的能力 3. 通过协作设计线路图，培养学生集体主义精神与全局意识

学习任务四："阵地突袭"比赛。

学生活动	教师组织	活动意图
从教师提前设计好的线路图中，抽签确定小队突袭线路	1. 组织学生以小组为单位进行计时比赛 2. 每个练习未按要求完成者视为牺牲 3. 最后以突袭完成人数和时间判定输赢	1. 通过随机抽取线路图的方式，考查学生在本堂课的学习情况 2. 通过比赛培养学生积极拼搏、坚韧不拔的意志品质 3. 通过完成各个预设练习，培养学生团结协作、永不言弃的优良品质

四、设计思路

"侦察敌情、绘制作战图"是以对越自卫反击战为背景，引导学生模拟不同地形地貌，开展作战图的设计和绘制。通过"阵地突袭"比赛开展灵敏、耐力等体能练习。本活动旨在帮助学生了解对越自卫还击战的历史背景，培养学生的爱国主义精神。通过历史、地理、体育等跨学科知识融合，使学生将各学科知识综合运用，达到学以致用的目的。本活动可由体育教师单独实施，也可多学科协同教学。

本活动给予学生充分的自主学习空间，引导学生通过查阅资料、绘图知识学习、侦查路线设计等内容，充分发挥学生的团队协作能力。通过"阵地突袭"比赛，培养学生积极拼搏、勇于担当、团结互助、永不言弃的优良品质。

（成都电子信息学校　杨琴；四川省成都市礼仪职业中学　刘克峰）

第五章 五育融合评价

第一节 五育融合全面育人评价的构成要素

"培养德智体美劳全面发展的社会主义建设者和接班人"是党和国家赋予教育事业的根本任务，是党的教育方针的重要内容。因此，促进学生全面发展是教育评价改革的核心思想。总体来说，教育评价改革围绕促进学生全面发展取得了很大进展，例如增加考试科目的选择性，满足学生个性化需求。但在改革推进中也存在争议，例如忽视学科特性片面强调"以考促教"，或评价指趋同化导致"千人一面"等问题。这些问题的表象是评价能力不足，深层原因则是对"全面发展"目标的误解——将其简单等同于学生同质化发展及学科平均化，导致评价指标的分解与评价手段出现偏差。教育评价改革需深化对全面发展的内涵与特征的研究，为评价改革提供扎实的理论依据和评价方法选择依据，帮助我们在充分理解发展目标的基础上高质量促进学生全面发展。

实践中，过度评价（如内容冗余、量化泛滥、标准僵化）易导致学生发展碎片化与片面化，评价从辅助和支持教学走向强控制，教师的教与学生的学都丧失了主体性。要克服上述评价实践中出现的异化现象，我们需要把全面发展的内涵特征作为辨析、审视、讨论并改进学生评价的根本依据。学生评价需兼顾对全面发展状况的诊断与促进全面发展的方法论适配。

一、全面育人评价要素改革方向

（一）基于学习活动类型差异化设计评价方式

不同的学习活动可以从不同角度促进和体现学生全面发展，应有不同的评价类型相适应，选择标准要有利于实现学习活动的目标。评价类型包括正式评价和非正式评价，正式评价按照时间节点可分为过程性评价和结果性评价。全面发展的内涵特征提示我们，企图用一种类型完成对学生全面发展状况的评价是不科学、不现实的。每一种评价类型都有其适用性，一味提高评价的厉害性或者滥用结果性评价，容易犯以考代评的错误，导致教育活动压力过大、考试负担过重，使学生丧失自主充分发展的机会。

首先，加强面向日常教育活动的非正式性评价和过程性评价的使用。它们是经常发生且对教育活动覆盖面最广的评价方式，参与性、灵活性、动态性和个性化程度较高，是易于发现和发展学生潜能的评价类型，会对学生发展产生深远影响。两种评价的使用重在诊断和激励而不是选拔，用好两种评价，一方面要提升师生的评价技能和公正评价的品格，另一方面应加强评价工具的供给和学校评价文化建设。

其次，要探索丰富的结果性评价。尝试基于人工智能的线上统一考试，采用人机互动、现实模拟等方式测评学生高阶能力或综合素质。如在虚拟空间中考查学生合作解决问题的能力等。借鉴人事测评方法对学生的知识水平、能力结构、个性特征、职业倾向、发展潜力等方面进行综合测评或有选择地测评，有利于缓解应试教育压力，推动学生积极参加实践探究活动、艺体活动、社会公益活动等。

最后，不断优化过程性评价纳入结果性评价的方式。过程性评价融入结果性评价应以有升学考试任务的学段为主。使用学生日常行为大数据进行综合素质评价正成为研究热点，但应注意学生数据采集、使用和管理的伦理问题，建议对场景和时间进行抽样而不是进行全时段评价或者行为监控。探索对学校开展过程性评价的质量，如从评价的真实性、公正性和一致性等维度进行评估和公示，逐步提升过程性评价在选拔招生中的效用。

（二）打破量尺的单调性满足多样化的个性需求

学生自主充分发展包含两个方面的含义：一是潜能有机会被发现并获得发展；二是学生自主选择的能力获得最大程度的发展。由于自然存在的个体差异，即使某个学生在最擅长的方面获得最充分的发展也可能无法达到出彩的程度，但是发展同样可以给他带来自我实现的体验感。

考虑到个体间的个性差异以及个体自身能力间的先天性差异，促进全面发展的评价要有多把量尺让学生选择，从而满足学生通过尝试更多领域以发现潜能的需要。同时，量尺也要有足够的长度，让不同的学生都能找到自己发展的空间。

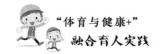
另外，评价方式需增强学生的参与性。例如，非选拔性评价的指标、方式、标准及评价流程可以师生协商确定，这有助于学生明晰发展目标、获得自我发展的掌握感和自主能力。评价内容还应关注学生自主发展能力，如选择发展方向、安排自由时间的能力等；以及保障学生发展的人格特质，如好奇心、坚韧性、尝试意愿和创新能力等。当然，这要求管理者具有尊重不同尺子价值、不把各种尺子合并成一把尺子的自觉，尊重人的成长规律和评价的科学规范。

（三）以核心素养为统领观照发展的完整性

综合素质评价源于重视学生发展的完整性和多样性，实践中变成先分科评分汇总，认知发展领域过度的分科思维忽略了学科之间的关联，跨学科素养常被局限于某个学科框架内进行考查，因为不属于本学科教学的主要任务被忽视。典型事件方法、表现性评价项目在学科之间缺乏统筹，带来重复评价或者师生精力分散等问题。

为解决上述问题，完整性评价要求指标体系建构能够将核心素养评价与学科评价紧密连接，树立二者能够互为一级指标的意识，即评价某素养的表现可以从各个学科中抽取该素养的评价结果，评价某学科的表现能够从各个核心素养的角度来表达。以核心素养统领的学生评价，还应不断丰富独立的、基于跨学科知识技能的测评，如问题解决能力、探究能力测评等。不论按学科还是按核心素养呈现评价结果，都应重视真实性评价、表现性评价的应用，在真实世界或者模拟世界中设置系统性的问题背景，为学生提供综合实践各种能力的条件。

（四）评价要激发学生终身发展的内驱力

知识技能的多样化和特长发展是全面发展的外在显性特征，在知识、技能支持下的自我实现是人区别于动物、区别于人工智能的本质特征。单纯用技能数量、知识面来评价某学生全面发展程度是否更高，不仅易于掩盖师生自我实现的需求，走向追求机械训练的片面化、功利化发展道路，也将严重打击人工智能时代人类的自信心，并怀疑自我存在的价值。联合国教科文组织发布的《一起重新构想我们的未来：为教育打造新的社会契约》研究报告，建议教育目的要从现在重视创造体面工作的意义转向优先考虑学习者创造意义的能力，深刻认识人工智能时代创造意义对人的"活着"或者"存在"的价值。学生评价的终极目标是促进学生形成终身具有创造意义的能力和实现自己价值的动力，这是教育评价功能所包含的教育性所决定的，也是全面发展的社会目标所要求的。

通过固定时间的、统一的外部评价对自我实现作出可靠判断是比较困难的，评价指标可能发挥引导作用，也可能成为限制和约束的硬性条件，不利于学生的自我实现。自我实现的评价更适合以学生自我评价与外部评价相结合的方式。评价方式应强调开放性——评价时间不固定，过程性评价重在及时反馈，结果性评价重在了解学生在任意时间发生的自我实现带来的个人突破和持续效应；采用质性研究方法应对时间的不确定和充分展示个体差异；评价指标宜粗不宜细，要以引导为目的，重在比较学生自己的变化和成长。

二、全面育人评价构成要素

新时代学校体育工作评价要素从评价主体可分为学生体育学习、教师体育工作、学校体育管理三个要素。

首先，学生是学校体育工作的对象，学生在体育学科的学习与成长情况直接反映了学校体育工作开展的质量，其中包含了体育兴趣的培养、体育知识的了解、体能的增强与技能的掌握、运用、健康心理与生活方式的培养等方面，要求既有对学生以上板块的过程性评估，也要有终结性评价。

其次，教师是学校体育工作的主体，对教师体育工作的评价要素要涉及教师个人体能与专项运动技能水平、课堂教学能力、活动策划与组织能力、课程建设与实施能力、科研能力、学生关系等要素进行评价。评价要求全面性、客观性、综合性，注重评价体系构建体育教师在学校体育工作中的重点与亮点。

最后，学校是体育工作的保障，学校从国家学校体育相关政策的传达与支持、体育学科的管理与支持、体育设施设备与体育工作经费的保障、学校体育教师的保障、体育教师培训与培养的支持等要素方面进行评价，在此评价中应该充分考虑要素的评价比例。

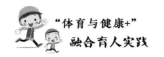
第二节　五育融合全面育人评价的实施手段

一、体育与健康课程评价的实施手段

在《义务教育体育与健康课程标准（2022 版）》中对于体育与健康课程评价建议为：体育与健康课程学习的评价与考试是通过系统收集学生的课内体育学习态度与表现、课外体育锻炼情况与成效、健康行为等信息，依据学业质量对所反映的核心素养水平及学生的体育与健康课程学习情况进行判断和评估的活动，是不断完善课程建设的重要环节和途径。通过多样化的学习评价，促进学生达成课程目标，发展核心素养。

体育与健康课程重视学习评价的激励和反馈功能，注重构建评价内容多维、评价方法多样、评价主体多元的评价体系，积极探索增值评价，健全综合评价。主要评价的实施手段有以下几点：①注重过程性评价与终结性评价；②定性评价与定量评价；③相对性评价与绝对性评价；④教师评价与学生评价相结合。

在此基础上我们还应特别注意以下几点：

（1）注重评价方法多样化。

教师可根据学生实际，综合运用清单式评价、观察评价、等级评价、展示或比赛评价、书面测评、口头测验、成长档案袋等方法，充分发挥不同方法的特点和优势，多角度评定学生的核心素养水平。

（2）重视过程性评价。

教师应将评价贯穿于学生学习的整个过程，不仅要关注学生学习的结果，更要关注学生成长和发展的过程。教师应结合具体的内容，选择适宜的方法，记录学生的课内外表现与进步情况，并及时向学生提供个人学习情况信息，帮助学生反思和改进学习方法，有效评价学生核心素养的提升过程和程度。

（3）加强运用现代信息技术开展实时和精准的评价。

教师可以充分利用信息技术跟踪学生的学习过程，采集数据并基于数据分析结果，及时反馈和评估学生的学习情况，如利用运动监测设备记录学生的课堂行为表现和运动负荷，准确分析和评价学生的运动能力等。

（4）合理利用评价结果。

教师应充分发挥评价的反馈、导向、激励和改进功能，采用口头评价、记录表呈现等不同方式，及时将评价结果反馈给学生，帮助学生改进学习。

二、五育融合全面评价的实施手段

五育融合指智育、体育、美育、劳育和德育的有机融合；全面育人评价是指评价学生的学业成果、身心健康、实践能力、良好品德、创新能力、团队协作力和社会责任感等多个方面。以下是实施五育融合和全面育人评价的具体手段：

（1）拓宽课外教育和实践机会：鼓励学生参加各种形式的社团活动、公益志愿服务、科技创新实践等，让学生从实践中学习，形成全面发展的素质。

（2）提高教育质量和教育方式：采用多样的教育教学方式，例如合作学习、案例教学、探究式教学等，提高学生学习的主动性、参与性和创造性。

（3）开展学生综合素质评价：建立科学、公正、全面的学生综合素质评价体系。衡量学生的学业成绩、创新能力、身心健康、社会贡献等方面，发挥综合素质评价的育人功能，提高学生的自主管理和发展能力。

（4）推进师资培训：加强教师综合素质提升和培训，提高教师的教学能力、专业水平和育人水平。

（5）促进学校家庭社区协同育人：鼓励学校、家庭和社区之间的协作，建立起一个有机的育人平台。从课程内容和教学方法、家长参与、社区资源等方面，共同推动学生全面发展。

（6）创新评价方式：创新学生综合素质评价方式，例如综合素质评价表、学生自我鉴定、举办综合素质评价展示活动等，让学生在评价中提高自我认知和自我管理能力。

体育与健康作为五育融合和全面育人评价的重要抓手，可以通过以下方式实施：

（1）加强体育课程的教学内容和方法。体育课程的教学应当注重师生互动，鼓励学生主动参与课堂。通过体育活动，加强学生的健身锻炼和身体协调能力，同时也培养学生的合作精神和竞技意识。

（2）设置个性化的健康档案。通过对每个学生的身体状况和健康资料进行跟踪记录，及时发现并解决身体发育和健康问题，为学生建立健康档案，对学生的健康成长进行全面评价。

（3）鼓励学生参加课外体育活动。学生可以在形式多样的课外体育活动中自由选择自己喜欢的运动项目，提高身体素质和竞技水平，同时也培养学生的爱好和兴趣。

（4）开展健康教育。学校的健康教育可以涵盖防病、保健、心理健康、社会责任等多个方面，帮助学生了解自己的健康状况，并提供有效的预防和治疗方案。

（5）开展智能化体育教育。通过引入智能体育设备、开展电子竞技赛事等方式，提高体育教学的趣味性和互动性，增强学生的学习积极性和运动兴趣。

以上是体育与健康为抓手的五育融合和全面育人评价的实施手段。通过这些措施，以体育和健康为基础，全面促进学生的五育发展，不仅提高了学生身体素质，还培养了学生健康的生活方式和积极向上的心态。

第三节　五育融合全面育人评价的注意事项

建设"五育融合"的评价体系已经成为当下教育发展的关键。中共中央、国务院印发的《深化新时代教育评价改革总体方案》（以下简称《方案》）为这一新的评价体系做好了顶层设计。"五育融合"是构建高质量教育体系的基础，是对育人目标的重新认识以及课程体系的重新建构，为此需要基于全新的育人理念，探索与之相适应的评价模式及实践路径，助推学生的全面发展和健康成长。

一、传统评价体系弊端

传统的学业成绩评价，在内容上注重考查学生学科知识的理解和掌握的程度，通常以半个学期或一个学期为周期，对学生的学习状况进行评估，是一种结果性评价；在功能上比较注重甄别和选拔，虽然也具有激励学生的功能，但更多是依据测评结果给学生"排队"以及选拔符合特定要求的学生；在方式上以纸笔测试为主，依据教学目标，选择能够转化为纸笔试题的知识为测量点设计测量目标，建立基于知识目标和能力要求的双向细目表，编制测试试卷开展相关测量；在评价形式上有定期举行的标准化测试，有教师依据学习内容和教学要求自我编制的测试，有主观性测试，也有客观性测试；在评价主体上通常将学生排斥在外，是教师或者专业机构依据课程标准设计测量工具所开展的评价。这样的学业成绩评价在我国教育的发展历程中曾经发挥了重要作用，但在建设高质量教育体系的今天，其所带来的"唯分数、唯升学"等负面效应也越来越明显，无法适应新时代教育发展的要求。

（一）过度重视考试

我们经常有一种认识误区，似乎考试的频次越多说明越重视教学质量。于是，考试分数是学校教育质量评价的绝对强势指标，学业考试成为教育质量评价的主要方式，甚至是唯一方式。从主管领导到校长、教师及家长都受到这种文化的深刻影响，甚至还错误解读了近年来新增的国家级、省级的学业水平质量监测工作的价值和意义。

（二）过度重视数据

数据是教育质量证据的一种形式，是描述学业质量和办学条件、师生素质的一种方式。出于被调查对象的自我保护意识，问卷数据的真实性往往无法保证。同一数据背后的成因并不唯一。我们所看到数据只是一堆冷冰冰的数字，虽能显示不同个体或群体的差异，显示要素之间的相关性，但并不能完全揭示原因，也不能形成完善的改进方案。

（三）轻视质量过程

除了统考，少数区域还会辅以统一的每年一次的"教学五认真"视导，教师需要提交佐证材料，如听课记录、学科教案、作业、备课活动记录等，给学校教学管理工作提出意见和建议。视导有时缺乏对学习增值效果、学校课程质量、质量管理行为及效果、教师培训质量等评估，因此不能真正发挥作用。

二、五育融合评价样态

《方案》设计的"五育融合"评价体系是一个立体的架构，由以下三个维度组成：一是将立德树人的根本任务进行一体化设计，按照学段确立相应的评价指标，由学校通过教育教学活动来具体落实；二是依据"五育融合"理念设计学校的育人模式、课程体系、教育教学活动，并同步设计与之相适应的评价指标，从整体上对学生的学习生活和学校的各类课程活动加以监控并进行动态调整；三是关注学生全面而有个性的发展，在评价方面少让学生与他人比较，更多与昨天的自己相比，看到自己的进步和成长，鼓励学生践行道德、积极生

活、热爱生命、明确自我价值。

（一）评价外在形式：五育全面与全过程评价

从国家层面颁布的一系列关于加强五育并举的文件措施来看，旨在促使教学从"重智""疏德""轻体、美""缺劳"的局面转向德智体美劳有机整合。体现在课堂教学评价，就是体现在重视五育全面和全过程的评价。

（二）评价内在精髓：整体育人价值的发挥

促进五育融合的课堂教学评价，在于重视整体育人价值的发挥。从内容来看，课堂教学评价需要挖掘德智体美劳的育人价值。促进五育融合的课堂教学，不仅包括德智体美劳的教学，更重要的是挖掘内隐在其背后的善"真""健""美"及"实"等学科素养。这就意味着，课堂教学评价内容应包含德智体美劳中显性与隐性的因素，是整体育人价值的发挥。

三、实践过程中，评价注意事项

（一）让五育融合真正"融合"

五育融合的核心是"融合"。"融合"二字既能指不同要素之间相互作用，形成一个有机的融通过程，又蕴含着一种和谐、恰适的状态。可以说，五育融合不仅是五育之间融通的过程，也是五育和谐共生的状态。五育融合的首要问题是处理"融"和"合"的问题。"融"是基础，"合"是深化。首先要让五育都"融"起来，在孩子们的成长当中，五育缺一不可。他们在促进人的全面发展方面起着等同作用。其次，是要让五育真正的、深度的"合"。五育融合不是简单的叠加，而是融通、渗透和整合，各育之间彼此渗透，形成"你"中有"我们"，"我"中有"你"的样态。因此，在教育教学当中，要体现两个方面。一是，教学内容的融合，不是简单的五要素叠加，而是要采取必要的措施促进五育有机融合。二是教学目标融合。通过五育的有效融合，能够实现人的全面发展，能够促进人价值观的形成，使人能够长远发展。

有些学校在探索"五育融合"评价体系的过程中，很自然地将一级指标确定为品行素养、学业水平、身心健康、艺术素养、劳动实践等维度，对应着德智体美劳的"五育"要求。这样的探索值得肯定，但在具体的实践中要防止"品德素养"由班主任和德育处负责评价，"学业水平"由教务处、备课组和任课教师负责评价，"身心健康"由德育处、心理教师和体育教师负责评价，"艺术素养"由少先队、团支部和艺术教师负责评价，"劳动实践"由综合实践活动教师和劳技教师负责评价等"五育割裂"现象，简单地认为"五育"就是搭积木，将上述这些教师的评价赋予相应的权重然后汇总在一起。"五育融合"评价体系的核心是"融合"，所有的教育教学活动都融合了"五育"的要素，既需要在教学设计中深入挖掘，也需要在实施评价时有的放矢。

（二）五育融合评价要多元

"五育融合"评价体系是一个多元化体系，多元化体现在两个方面：一是评价类型的多元化；二是评价主体的多元化。

评价类型的多元化强调在实施评价的过程中要"改进结果评价、强化过程评价、探索增值评价、健全综合评价"，将这四类评价充分运用到"五育融合"评价体系的构建中。《方案》对四类评价的要求很具体：结果评价仍然是需要的，但应该加以"改进"；过程评价以前不够重视，现在需要"强化"；增值评价是一种新的评价形式，要在学校层面加以落实难度不小，所以鼓励积极"探索"；综合评价的实践和探索许多学校都有一定经验，需要在"五育融合"的理念下进一步"健全"。

评价主体的多元化强调在学校评价、外部专业人士评价以及政府评价的基础上，突出实践主体——教师和学生的评价，让"五育融合"的当事人在评价中发挥重要作用，通过与专家学者的协商共建，进一步厘清评价目的，细化评价指标，落实评价要求，让评价真正发挥激励学生和教师个体成长、助推学校办学质量提升的作用。与此同时，"五育融合"的评价具有很强的开放性，重视社会各界、学生家长等利益相关方对办学状况、学生学业质量的评估和反馈，将此作为多元化评价的重要组成部分。

（三）学校在实践过程中的作为

要想将"五育融合"评价体系落到实处，学校应该在以下两个方面积极实践。

一是重新构建基于"五育融合"理念的评价系统，进一步厘清评价目标、评价内容、评价主体、评价方式。评价目标指向学生的全面发展，这是建立在学科融合、课程融合、教育教学活动整体融合基础之上的，需要学校从"融合"的视角重新思考育人目标、落实评价目标。在评价内容的构成上，要注重把握时代性，着力助推人才培养；要避免简单的"五育"全加，深入研究各类

学科和各项活动背后"融合"的特质以及促进人的全面发展的核心要素，让评价内容既简洁又科学；要充分意识到学校所在环境的多元文化生态，将其中的各种力量整合起来，让所有的利益相关方都成为评价的主体。在评价方式上，要注重量化与质性评价相结合，以质性评价为主，积极探索"四类评价"，让评价成为师生喜欢、各方认同的教育激励机制。

二是要充分利用大数据、人工智能等信息化手段，建设智能化的教育评价系统，依据评价体系自动采集各类信息，减轻评价相关方在人工处置方面的麻烦，方便教师的教和学生的学；要依据育人目标和评价体系的总体要求，对采集的各类信息加以处置和建模，让信息能够自动生成各种类型的数据，为后期的分析和研究奠定基础；要培养一批对数据编程和分析有深度研究的教师队伍，审慎分析所给出的各类数据，能够较为科学地给出学生的数字图像以及学校整体教育质量的样貌。

第四节　五育融合跨学科评价

一、"体育与健康＋1"评价指标

（一）"体育与健康＋德育"评价指标

一级指标	二级指标	三级指标
体育与德育	能够积极参与体育活动	引导学生在学习和掌握相关知识、技能、技巧的基础上，培养学生进行体育锻炼的积极态度，养成锻炼身体的习惯
	有规则意识	在对抗和竞争中，有规则意识、竞争意识和合作精神，培养学生胜不骄、败不馁、锲而不舍的勇敢精神和坚强的意志品质
	有挑战苦难的勇气和拼搏精神	有挑战困难的勇气和胜不骄、败不馁、锲而不舍的勇敢精神和坚强的意志品质

（二）"体育与健康＋智育"评价指标

一级指标	二级指标	三级指标
体育与智育	学习和掌握一定的体育科学知识和技能，并使相应的能力得到发展	掌握不同项目的独特练习方法和规范要求，并知道其组织竞赛的规则和裁判方法
	提升专注力、记忆力，发展思维能力和判断能力	1. 在体育比赛中能快速进行技、战术的布置、分析以及找到相对应的措施 2. 在体育运动技能的学习和练习中，能专注地完成相应的训练任务 3. 在进行体育锻炼过程中具有反应敏捷、观察判断准确、想象丰富的能力
	提高工作效率	能做到多学科的理论知识和方法的融合，提高学生学习运动技能的效率

（三）"体育与健康＋美育"评价指标

一级指标	二级指标	三级指标
体育与美育	了解体育运动中对审美感知的提升作用	在体育运动中能感知、发现、体验和欣赏动作技术之美、意志之美、精神之美、人格之美，提升审美感知能力
	学会在体育运动中的艺术表现	在体育运动中丰富想象力，运用媒介、技术和独特的艺术语言进行表达与交流，运用形象思维创作情景生动、意蕴健康的体育运动场景，提高运动中的表现能力
	通过体育运动达到创意实践的目的	能通过体育运动感受和理解我国深厚的文化底蕴和党的百年奋斗重大成就，传承和弘扬中华优秀传统文化、革命文化、社会主义先进文化，坚定文化自信，铸牢中华民族共同体意识
	通过体育运动形成不同的文化理解	了解不同地区、民族和国家的历史与文化传统，理解当地的体育运动文化，学会尊重、理解和包容

（四）"体育与健康＋劳动教育"评价指标

一级指标	二级指标	三级指标
体育与劳动	了解体育运动可以促进劳动观念养成的认识	形成对劳动与人类生活、社会发展、个人成长之间关系的正确认识，懂得人人都要劳动、劳动创造财富、劳动创造美好生活等基本道理
	了解体育运动可以提升劳动能力的认识	在体育活动中可以体验劳动的艰辛和快乐，形成劳动效率意识、劳动质量意识
	在体育活动中可以养成劳动的习惯和品质	在体育课中能否主动承担场地布置、器材制作、收发等工作 在运动中能否积极参与，专注完成练习或比赛，能主动清理运动后的场地
	劳动精神	在运动中遇到困难努力解决，对训练结果或比赛结果精益求精

（五）"体育与健康＋国防教育"评价指标

一级指标	二级指标	三级指标
体育与国防	国防思想的建立	1. 建立国家概念，启蒙国家安全意识。感受个人生活与国家安全息息相关，增强爱国主义情感 2. 培养勇敢顽强、不怕苦、不怕累，克服困难、努力拼搏的坚强毅力 3. 培养关心集体，团结互助，遵守纪律的团队精神
	国防知识的普及	1. 了解国家安全基本常识 2. 了解国家安全各领域 3. 了解军事理论知识
	国防技能的掌握	掌握军事科技、武器装备和军事通信等相关技术能力，能够熟练操作和维护军事装备
	身体素质的提升	培养军事所需要的耐力、爆发力、反应速度等体能素质

（六）"体育与健康＋安全教育"评价指标

一级指标	二级指标	三级指标
体育与安全教育	安全健康意识与行为	通过课程中的安全教育建立安全意识，并在运动实践中约束个人的行为
	安全防护	体育课程中看到更多生活中的安全隐患，并建立对应的安全防护意识
	损伤预防与处理	让学生清楚运动中常见的损伤有擦伤、扭伤、拉伤等预防和处理方法

（七）"体育与健康＋心理健康教育"评价指标

一级指标	二级指标	三级指标
体育与心理	心理态度与健康	1. 学习如何在运动中培养自我控制和自我管理技能 2. 促进身体健康，从而预防和减轻心理健康问题 3. 促进心理健康，减轻压力、缓解焦虑和抑郁
	自信心	通过比赛感受到成功的喜悦和自信的力量，从而增强自信心
	耐力与毅力	可以让学生坚持不懈地进行训练和比赛，锻炼学生的耐力和毅力
	团队协作	在比赛中更加默契、配合，培养学生的团队协作意识
	自我激励	在体育课程中提高体育强大心理素质，从而更加自信、坚韧、勇敢地参与体育活动

（八）"体育与健康＋信息技术"评价指标

一级指标	二级指标	三级指标
体育与信息技术	运动指标的监测	采用科技手段和设备对运动强度、负荷和密度的监测
	运动能力与技术的分析	采用人体科学采集测试手段对运动能力和技术进行数据化分析
	健康档案的管理	利用网络、软件和平台对健康数据进行录入、跟踪、评测、分析与智能建档与归档

二、"体育与健康＋N"评价

"五个维度"和"四种评价"相结合的多元化评价体系构建不仅能引导学生对体育课程学习内容进行深层次理解，还能提升学生自主学习的能力，有效提高学生的体育素养。基于此，"五个维度"中的"个体表现""小组合作学习""体育课程内容表现评价""情感态度表现评价"和"能力表现评价"均可以采用以下方式进行评定：

（1）形成性评价——在日常体育教学中，教师运用多元评价的方法，对学生的学习情况进行及时反馈，帮助学生认识自己的优点和不足，让学生在自我反思中获得成长。

（2）终结性评价——在期末体育考试或体育测试中，教师运用多元评价的方法，对学生的学习情况进行全面分析，并根据不同年级学生的实际情况提出科学合理的意见和建议。

（3）发展性评价——在课程结束后，教师对学生进行综合考评，通过建立成长记录袋、开展体质健康测试等多种方式，对学生的学习过程、学习态度和学习结果进行综合评估。

（4）总结性评价——在学期结束时，教师对学生进行总结性评价，包括学生的学习态度、运动技能、体育运动能力等，通过对学生学习情况的全面分析，帮助学生总结经验，改进不足。

五育融合相关书目
推荐与分享